栽種番薯的基督

臺灣本土基督教社會實踐研究

蔡維民——著

目次

臺灣長老教會政治關懷之變與不變[1]

一、前言

　　從美麗島事件之後，一直到民進黨執政的近三十年來，長老教會給臺灣社會的印象是「偏綠」；特別是從2000年之後，教會對執政的民主進步黨的確具有較多的支持與同情，而教會本身也很清楚自己的立場——與民進黨淵源深厚。這幾年來，長老教會就一直處在色彩標籤的矛盾之中，如何調適、如何繼續堅守祭司和先知的角色，成為長老教會的一大挑戰。

　　在2000年6月10日，於東海大學主辦的「2000年學術與倫理研討會中」，我發表了〈基督教改革宗基本政治性格之反省與建議——以臺灣基督長老教會為例〉[2]一文。文中提出「民進黨取得了中央的政權，則長老教會的立場是否因而必須有所調整，將會成為長老教會在信徒自我定位與社會認同等層面上的重要指標」。2003年，我發表了〈陳水扁時代之後長老教會政教關係意識的轉變〉[3]，文中指出長老教會在處理與陳水扁政府相對應時有產生某

---

[1]　本文發表於2009年中原大學宗教研究所舉辦的「台灣長老會神學：回顧與展望」學術研討會。其中有部分時空人事已經更迭，也正好可以檢視長老教會政治意識型態的變動。

[2]　該文後收錄於拙著，《永恆與心靈的對話——基督教概論》，臺北：揚智，2001，頁265-304。

[3]　該文原收錄於收錄於張家麟主編，《亞洲政教關係》，臺北：韋伯文化，2004，頁27-64。後我在將之集結於自己的論文集，《基督漫步於福爾摩沙》，臺北：五南，2009，頁25-64。

些焦慮，而之所以會產生焦慮，其原因有些是來自長老教會太過去回應處境而忘了隨時抓住信仰的起點；也有一部分是因為長老會本身體制也出了問題。謂此我也提出了幾點建議，真正找到一種較為客觀的態度，來作為政府或在野黨相互對應的關係。而2005年8月我也於高雄中山大學所主辦「宗教與政治：神聖卻充滿爭議的連結」國際學術研討會中，發表了〈從「公義與和平宣言」來反省後陳水扁時期長老教會政教意識之演變〉[4]，在文中我提出長老教會在發表「公義與和平宣言」之後，對自己內部而言也等於畫出一個界線，只要不逾越界線的政黨，長老教會都會表達友善，[5]而這對於其內部安定頗為重要。特別是新舊任總幹事即交接之際，這宣言等於是一層保護膜。我也預測長老教會的政教意識，雖仍以「主權獨立」為主軸，但是與其他政黨的關係，將會採取「動態平衡」[6]的新模式。

教會應該與政府保持怎樣的關係呢？其實這並不是問題。真正的問題是教會是否真正在社會各種架構中找到了自己的定位？沒有定位一切都是虛偽的。一直以來，主導長老教會政教思維的，往往不只是某某人的傳統、也不全然是只根植於《聖經》的教訓、還必須加上臺灣當下的處境。若是這三個點是平衡的——不違背長老

---

[4]　該文原發表於2005年8月在高雄中山大學所舉辦臺灣政治學會年會，「宗教與政治：神聖卻充滿爭議的連結」國際學術研討會，後收錄於《基督漫步於福爾摩沙》，臺北：五南，2009，頁65-112。

[5]　高俊明牧師在「臺灣心聲」節目中曾表示：「我們只支持符合信仰良心的政黨政策，不管民進黨、臺聯、甚至泛藍政黨，只要政策符合我們的信仰良心，我們都支持。」

[6]　所謂的「動態平衡」即是指在正與反、同意與反對、親近與疏離之間尋求平衡點，但因為兩個極端之間是互動的，是會有辯證拉扯力量的，所以教會必須隨時反省，以尋求在這動態之間的一個平衡。例如臺灣，便是在美國與中共之角力間求得一個「動態平衡」，使得臺灣不必向任何一方表態，或犧牲自我權益，卻能獲得程度上的安定與獨立。「動態平衡」的政教互動強調教會與政府，或與反對黨之間應保持一個空間。因為教會有一個更重要的準則——公義，應該遵循這個準則而謹慎反省教會整體的政治立場。這種的「動態平衡」，其實就是一種走出顏色標籤之外的意圖。教會的立足點不在於執政黨也不在在野黨，甚至不在中間的平衡線，而應在於從信仰誠實地反省。而得到的「公義」原則，無論是誰，無論執政黨或在野黨，只要合乎這個公義原則的，教會就應該支持。

會的改革宗傳統、不牴觸《聖經》、也能適切地回應所處的環境，那麼這樣的思維所倒出的正教關係是健康的、是正常的；但，事實上，我們往往可以看見處境的影響力大於信仰的內涵，而且意識型態常常決定了教會對「事實」的認知與詮釋。當「處境」的決定力大於信仰及《聖經》本身時，教會便會產生「失焦」的情形了。

長老教會的政治觀點都一一地顯現在其總會所公告的「宣言」與「牧函」之中。雖然這些「宣言」與「牧函」不必然一定可以代表所有長老宗信徒的政治價值觀，但是做為「合議制」的教派，在多數人同意而公告的情況下，這些「宣言」仍具有一定客觀的價值。本文將先從加爾文、諾克斯以及長老教會發展過程中所經歷過的歷史因素，找出臺灣長老教會的政治神學基礎，然後對照從「長老教會信仰告白」之後，長老教會所公告的政治性「宣言」與「牧函」，嘗試來整理出長老教會政治關懷之演變。

二、長老教會的政治神學基礎

（一）加爾文（John Calvin, 1509-1564）

加爾文對於政教關係的理解見於《基督教要義》的第4卷，特別是第20章的部分。相對於馬丁路德的「兩把劍」（上帝賜予兩種權力）之看法，加爾文提出「兩個國度」的概念，值得注意的是，他提出「屬靈國度」與「屬世國度」是平行並存的，兩者必須要聯繫起來放在一起考慮，否則將會造成極端——不是破壞世上政權，就是以世上政權為上帝。[7]加爾文認為政府之存在主要便是在維持秩序而維護正當的宗教。他認為對於宗教崇拜相關事務，政府不應干涉約束；但政府必須對破壞並污衊宗教的事應立法禁止[8]，值得注意的是，加爾文並不欣賞民主政體，而是鼓勵一種改良式的「貴

---

[7] 見加爾文著，《基督教要義》（簡稱《要義》），4.20.1，香港：基文，1977。
[8] 見《要義》，4.20.2。

族」加上「民主」政體，[9]這就是今日長老教會所強調的「代議共和」制度。

有一個重點我們必須了解，那就是在加爾文的思想中，「迎向苦難」的基本態度非常被強調。他認為任何我們受到不公義的事都有其意義，不應一味的逃避或拒絕苦難，也不需馬上為自己伸冤，一方面是我們不必然真正擁有公義，一方面也可能是上帝正藉著苦難在教育我們。當面對不義的政權時，《要義》中提出：就個人而言，應盡可能「和平」地忍耐此不義政權；就團體而言，作為監督政權的機構（如議會）就必須不畏懼地提出批判。這個看法後來相當受到批評，不過若考慮到不同的時代背景，也許可以程度上了解加爾文的想法，在君主權力絕大的時代，基督徒不需要與之衝突，只須順從不尊重便可。[10]

總而言之，加爾文承認現世政權有其存在價值，基督徒就其為一個公民，應致力參與並順從政府，但有先決條件：只在順服上帝之前提下服從統治者，對於損害上帝榮耀的君主命令，人可置之不理，讓他不被尊重。[11]

（二）諾克斯（John Knox, 1505-1572）

就長老教會的傳統來說，與其說是遵循加爾文傳統，其實反而更趨近諾克斯的理念。諾克斯的政教意識完全是以「主權在民」為基礎，而且強調「重法」以及「平等」的原則。不過，我們必須曉得在他的年代根本尚未形成成熟的民主制度，在當時的所謂「民主」其實是與「暴民」政治畫上等號的。所以基本上他也依循加爾

9　見《要義》，4.20.8。
10　這種說法他的學生伯撒（Beza）後來並不同意，後來清教徒在這方面的看法較傾向伯撒而不傾向加爾文。見Ernst Troeltsch著，戴虔盛譯，《基督教社會思想史》，香港：輔僑，1960，頁408-409；又見林鴻信著，《加爾文神學》，臺北：禮記，1997，頁197。
11　特爾慈認為加爾文最大的貢獻，就是提供了一個既權威又不失自由與責任的模式，讓社會各個不同階層的人都有空間去完成他的社會責任。特爾慈的看法詳見《基督教社會思想史》，頁399。

文的思考，不那麼欣賞民主制度。不過不可否認的，他參考加爾文的做法所設計的《教會管理法規》中，提出每個牧區有一位牧師與數位長老，在會眾同意之下行使職權，這已經相當具有民主代議的意涵了。在〈致新壘與巴威克居民書〉（An Epistle to the Inhabitants of Newcastle and Berwick）中，他呼召人民自發地參與改革宗的行動，同時也暗示，在必要的情形下，可以積極地爭取分享政權之行使。[12]這也隱含了對民主追求的意味。我們可以看到蘇格蘭諾克斯的後繼者（尤其是布坎南）都一再強調「民主」與「重法」的精神，而這便也成了後來英格蘭清教徒傳統。我們不應該只將清教徒對政治之立場只停留在克倫威爾將查理一世送上斷頭臺的印象上，事實上，清教徒被准許以武力推翻專制政權（尤其是壓制宗教改革的政權）後，仍必須服從所剩下最合法的政權。[13]清教徒傳統從蘇格蘭與加爾文思潮之影響下，於是充滿了追求「宗教自由」、「民權精神」以及「尊重法治」的精神。

有一個相當重要的思考點我們絕不可忽略：諾克斯雖然在日內瓦接受了加爾文的思想影響，但是在蘇格蘭的情勢下，他不斷地調整他的政治理念，從容忍一直轉變成武力推翻；在與瑪莉女王的互動中，他與王室的關係也不斷調整。這種強調「情境」的重要心態，後來就變成長老宗及清教徒宣教士到世界各地進行宣教時的重要原則。今日我們也可以從臺灣長老教會中發現遺傳自諾克斯那種「主動抗爭」、「因時制宜」的不妥協色彩，以及強調「民主」、「法治」的精神。

（三）宣教師傳統

就現在可見的臺灣早期宣教史料來看，沒有直接證據來支持外

12 見W. S. Hudson編譯，許牧世、趙真頌等譯，《不列顛宗教改革思潮》，香港：輔僑，1962，頁20-22。
13 見《不列顛宗教改革思潮》，頁452-455。

國宣教士對於漢人平信徒有如何政治理念的教導。早期宣教士採取的宣教方式有兩個重點，那就是「本土認同」以及「社會服務」。前者應該是具有清教徒傳統中「因時因地制宜」的遺產，後者直接關心到人民實質生活。也因此「認同本地」以及「實際生存」便成為從宣教士精神中移植到臺灣長老教會意識底層。不過，也因為最早期的宣教士不干預基督徒的政治態度，這也成為一種普遍的基督徒政治態度。這種態度也可以在第十八屆臺灣大會[14]中，決議將「府城教會報」與「芥菜子報」合併成為《教會公報》，會中孫雅各牧師便建議有害信仰和涉及政治之文章不可刊出而得到佐證。

　　宣教士帶來了基督教信仰，也在程度上影響了臺灣基督徒對政治之態度。第一個部分便是這些外國傳教士與日本政府的一種「若即若離」的關係。[15]這種同時存在的「親近政府」與「不合作態度」便在長老教會中形成了一種張力，而後來在長老教會面對執政政權時，便同時出現了兩種態度。第二個部分便是相當有名的「新人運動」。教會歷史中，「新人運動」主要在爭取權力之分享與共治，並教會革新與本土化之訴求。但是，在此運動中有直接參與的孫雅各、明有德與戴仁壽等宣教士對於改革及追求權力均衡的積極投入，也在程度上影響了不少當時是青壯派的領導人。[16]

---

[14] 臺灣大會是長老教會南北合併的首次嘗試。首屆大會於1912年10月24日在彰化西門街禮拜堂成立，並選出甘為霖牧師為會正。歷屆大會重要議事有：定教會名稱為「臺灣基督長老教會」（第二屆）、成立「教師試驗部」（第九屆）、合併「府城教會報」與「芥菜子報」成為《教會公報》是第十八屆，應該是1930年的事。

[15] 例如在1931年前當日本政府與教會友好時，兩造之關係頗為良好；但是在1931年，日本加強管制教會，甚至違反宗教自由時，這些外國宣教士便採取不合作態度，如臺南神學院不願被日化，乾脆關閉學院；加拿大宣教士葉資（NPYates）在日本禁令下仍堅持向山地原住民宣教。

[16] 其起因主要是加拿大母會產生分裂，不少宣教師離開，以致於教會權力掌握在少數人之手，導致教勢無進展，且新進牧者考核嚴格。新壯派人士為了打破教會獨裁並使教會得以自治，故產生了一連串內部鬥爭及權力轉移的過程。當時「新派」人士主要有陳溪圳、鄭蒼國、吳清鎰、郭和烈、蕭樂善、高端莊等年輕傳道人，以及陳芳本、陳清忠、鄭進丁等長老，更重要有孫雅各、明有德、戴仁壽等宣教師。其所成立之組織包括「傳道師會」與「長執聯合會」。自1925年開始至1939年有了一連串的爭鬥。1939年後由「新派」取得領導權，並主導了北部教會與神學院之發展，一直到六〇年

除此之外，當然我們也不能忘記這些宣教士帶來對於教會組織上的「民主共和」代議思想，這樣的訓練與薰陶，也一定使浸淫在宗教民主體制下的長老教會信徒，有對民主制度的深刻認知與偏好。這也同樣在面對後來違反民主發展的政權有不少不妥協的反抗。

（四）長老教會社會政治批判性格的覺醒

要了解長老教會社會政治批判性格的覺醒，可以從「向外」與「向內」兩個向度來看。前者指的是「加入WCC」，後者則是指「倍加運動」。長老教會於1951年南北合併成立總會以後，便積極地加入世界性的教會組織，如「普世教協」（WCC）、世界歸正教會聯盟（WARC）、亞洲基督教協會（CCA）等等。在這之前，長老教會對於政治參與的看法還比較屬於清教徒式的觀念——盡量不與政府打交道；但是在加入這些普世性組織之後，長老教會的「世界觀」以及其所衍生的各種社會態度便有了相當大的轉變。一方面是臺灣教會在世界地位的提升使得它的自我定位更有信心；另一方面當時世界普遍關心的思潮，如：關懷人權、社會公義、族群和諧、環境保育等等也對臺灣教會的領導人造成衝擊。他們才反省地發現原來在自己的改革宗傳統[17]中，已經內在地具備了政治關懷的性格了，這種反省造成了新一代教會領導人新的政教關係思維。

這樣的思維便展現在其宣教運動上，特別是1954年的「倍加運動」。「倍加運動」全名為「設教百週年紀念教會倍加運動」，是為紀念基督教在臺灣宣教將達一百週年，由南部高雄中會所發起，希望在1965年之前，要讓教會增加233間，信徒增加473,472人。此運動要求傳教士深入基層鄉村宣教，讓教會開始深入臺灣社會，開

代末期。有關「新人運動」之研究可見廖安惠撰，《北部基督長老教會「新人運動」之研究》，臺南：成大歷史研究所論文，1997。

[17] 這傳統中有積極入世、改造世界、破除偶像、代議精神等特色，因此對於不公義、獨裁、「自我偶像化」的制度都應竭力對抗。見鄭仰恩（1999）《歷史與信仰》，臺北：人光，頁182。

始投入於農村、漁村、雛妓、原住民、社區等社會關懷工作。[18]這樣的宣教方向使得讓教會開始看到臺灣基層人民的需求，澈底去反省，要紮根於本土，才能解決人民的需要。十年的倍加運動使得教會與信徒的數目倍增，這些新增的地方教會和信徒多半都是社會中貧困的人民。這些不但意味著長老教會向弱勢與貧窮者靠攏，同時也使得長老教會對於鄉土有更多的認識，增進對鄉土的認同與關懷（黃伯和，1995b：42；陳南州，1991：87）。

三、長老教會政治神學思想之落實

從上述內容中，我們可以約略窺出長老教會的政治神學思想政治之傳統來自加爾文（John Caivin）與諾克斯（John Knox），同時從這個基礎上，長老教會發展出對於臺灣歷史與處境的獨特詮釋觀點，而這就成了長老教會做為其政治關懷與論述之基點。只不過，真正讓長老教會的政治神學思想得以落實，卻是展現在六〇年代之後，面對臺灣政治與社會諸般挑戰所發表的各宣言之中。

（一）從「三個宣言」到「信仰告白」

1971年底，長老教會鑑於中共進入聯合國，而美國總統尼克森將訪問中國大陸，故發表「臺灣基督長老教會對國是的聲明與建議」（簡稱「國是聲明」）以教會來代表臺灣人發出關切臺灣前途的心聲。[19]而在1975年1月，原住民及臺語《聖經》和聖詩被國民

18　倍加運動十分強調「適應變遷社會」原則，在運動推動期間曾經舉辦多次研究會，其主要的議題與內容包括：當前臺灣的社會問題、信徒與工業社會、都市社會、鄉村社會、知識份子的關係等，會中並建議設立基督教社會服務中心以及農村指導中心。這使得教會宣教工作更加深入臺灣民間，特別是沿海和農村的地區（陳南州，1991：87；黃武東，1995：354-356）。

19　「國是聲明」關懷的內容主要有兩個層面，一方面是向國際的聲明，不僅強調人權的尊重，反對外國勢力干涉臺灣主權，更主張臺灣的命運應由臺灣住民決定；另一方面，對國內政府提出建言，希望透過內政革新與中央民意代表的全面改選，來贏得國

黨政府沒收，因此長老教會發出「我們的呼籲」。不同於「國是聲明」，「我們的呼籲」完全是由臺灣基督長老教會自行策劃發表，此顯示出臺灣基督長老教會已經覺悟必須肩負起時代的使命，開始積極主動並獨立負責地參與政治與社會關懷。[20] 1977年，為因應美中建交所可能造成的國際情勢與臺灣安全危機，臺灣基督長老教會於1977年8月16日發表「臺灣基督長老教會人權宣言」（簡稱「人權宣言」）。此宣言中最重要的是結論部分，首次明確提及希望政府採取措施，使臺灣成為新而獨立的國家之臺獨立場。[21]

雖然有許多長老教會背景的學者把「三個宣言」當成「臺灣基督長老教會信仰告白」之基礎與精神，最能代表長老教會的政治與社會倫理觀念，隨後有關長老教會的鄉土神學或政治與社會倫理的建構皆以這三項聲明與宣言為圭臬（高萬金，2001；鄭仰恩，1999：133）；但是我卻不認為「三個宣言」就等於是長老教會「成熟的」政治神學表述，充其量只能將其視為五〇年代到六〇年代教會菁英參與WCC、WARC、CCA等國際性基督教組織後，獲得了某種程度的「啟蒙」，而這樣的啟蒙在深層觀察了臺灣景況（倍

際的尊重。在聲明中，一種以政治認同和理想為中心的臺灣民族意識正隱然在浮現，而且也代表著臺灣基督長老教會開始主動關懷臺灣社會與政治議題。雖然臺灣基督長老教會當時的總幹事高俊明牧師曾在臺灣教會公報以「國是聲明與建議：在信仰上及神學上之動機」文章，進行澄清與解釋（1078期，1972/3/1，1版），強調發表「國是聲明」並非涉政治，而是藉由信仰宣示基督教對社會的責任，但是其所引發教會對政治關懷的自我反省實有指標性意義。

20 另外重要的是，在此呼籲中，臺灣基督長老教會除了持續關注臺灣的國際問題，也針對當時政府迫害宗教事件，表達立場，維護教會主權及宗教信仰自由。

21 結論這樣說：「為達成臺灣人民獨立及自由的願望，我們促請政府於此國際情勢危急之際，面對現實，採取有效措施，使臺灣成為一個新而獨立的國家。」這是臺灣人政治認同的獨特聲明，具有震撼性和爭論性。因此「人權宣言」一頒布，立即引起社會譁然以及國民黨政府更大的壓制。例如1977年8月21日出刊的《教會公報》（刊載「人權宣言」全文，及一篇支持人權宣言的社論）被政府沒收，次年二月更有四千多份《教會公報》於郵寄中遺失。媒體與部分教派也嚴厲批評長老教會干涉政治，逾越教會之權責，並認為「人權宣言」會危及教會及國家的安全。見宋泉盛編著，《出頭天——臺灣人民自決運動史料》，頁191-196；林素珍〈臺灣基督長老教會意識形態發展之研究〉，1998，頁143；另參洪辭惠，《臺灣的政教關係研究——以臺灣基督長老教會三大宣言為例》，2008，頁114-120。

加運動），並遭逢了一連串政治與外交情境後所做的初步回應。

不過無論如何，「三個宣言」畢竟成為長老教會正式進入政治關懷的重要指標；不過這也造成了國民黨政府的強力壓制。這樣的壓制，讓長老教會找到了一個作為「苦難者」的思考立足點，同時也讓長老教會更快地凝聚內部向心力，而終至展現出一個成熟的政教關係意識架構，而導致1985年「臺灣基督長老教會信仰告白」的制訂與通過[22]，這代表一個屬於臺灣本土的基督教信仰已經成形。在這份信仰告白之中，有幾個關於政治理念的重要概念，我以比較白話的方式敘述出來：

1. 教會的任務是「宣揚基督」、「促成和解」、「釘根本地認同住民」。
2. 所有的制度與文化都是上帝給人的尊嚴與才能所產生的，在這些事物上人「參與」上帝的創造，必須為世界負責任並成為忠實的「管家」。
3. 人必須「倚靠耶穌的救恩」，使人從壓制中得自由與平等，並讓充滿公義、平安與歡喜的「上帝國」降臨於世界。

在上面的敘述有兩個重點：首先，政治制度是人依靠上帝創造時所給予人的理性才能所發展出來的，其目的是要「維持上帝所創造的秩序」，所以，政治、經濟等制度的建立與維持亦必須以上帝的慈愛與公義為根基；其次，強調基督徒有責任與權利關心政治，一方面要為政府與執政者禱告，一方面則對不公義的政府要以先知的精神批評之。「人的尊嚴」與「鄉土的優先性」在此被充分

---

[22] 「臺灣基督長老教會信仰告白」的制定，必須追溯至1918年，當時在第七屆大會時由議長陳清義牧師提出，並由大會銓選委員會起草，最後呈交大會裁決，可惜並無結果。一直到1978年，才由臺灣基督長老教會總會「信仰與教制委員會」再次提出制定信仰告白的建議，而一直到1985年，長老教會總會才通過了「臺灣基督長老教會信仰告白」。見臺灣基督長老教會總會發行，《認識臺灣基督長老教會》，頁68。

地強調。對上帝的信仰、對土地與文化的認同、對人民的基本權利的重視成為臺灣基督長老教會政治神學的三個環環相扣的要素，也因此，長老教會對於臺灣政教關係意識的思考上，其實是同時混雜著信仰、理性與情感的成分。更重要的是，長老教會信仰告白的出現，代表長老教會的政治關懷，已經從被動的「回應」轉而成為主動的參與，並且已經形成確定的政治關懷立場，也由此成立相關的組織來落實其政治主張。

就長老教會方面，我們首先看到的，是內部組織權力的真正集中，以及其共識的凝聚。在七〇年代，雖然也以總會名義公開了三項聲明，但是由於以往教會與政府沒有很直接的衝撞，加上自從臺灣退出聯合國後，國內有了短暫高漲的愛國心，這種「支持政府度過難關」的意識使得不少教會內的人不完全能明瞭並接受三個宣言，加以國民黨有效滲透並分化當時長老教會中北部大會與總會的關係，所以一直無法落實三項宣言之內容——尤其是「建立新的獨立國家」此一理念；但是當「信仰告白」通過，同時高俊明再度高票蟬聯總幹事之後，長老教會中有關政教對應的機制已然成熟，自此長老教可以主動出擊，針對社會上各種不公平不公義的現象制度與結構提出各種批判。

（二）「臺灣主權獨立宣言」

從「人權宣言」以來，「臺灣主權獨立」的理念一直是臺灣基督長老教會的堅定主張，也是教會與政府互動的重要議題。因此在解嚴後，臺灣基督長老教會持續進行臺灣主權獨立理念的宣揚，並具體推展臺灣主權獨立運動。1991年6月臺灣基督長老教會在「全臺教會與社會研討會」後，發布〈致全國人民呼籲文「新人民、新憲法、新國家」〉，表達制定新憲法、建立新國家等明確臺灣獨立的主張。同年8月，臺灣基督長老教會進而發表「臺灣主權獨立宣言」，直接主張臺灣與中國是兩個不同的主權獨立國家，強調臺

灣的主權與土地屬於臺灣住民。在此宣言中，「制憲」、「公投正名」與「確立與中國的新關係」成為重要的訴求主軸。

就臺灣基督長老教會而言，「臺灣主權獨立宣言」代表了長老教會政治關懷理念的具體落實，是繼「三個宣言」之後最重要的宣言。若說「三個宣言」是長老教會政治關懷的嘗試性建構，「臺灣基督長老教會信仰告白」就是其政治關懷的成熟思維，而「臺灣主權獨立宣言」便足以代表長老教會政治關懷的所有具體作為。綜觀1991年之後長老教會所發表所有重要的政治關懷文告[23]，都不脫「臺灣主權獨立宣言」所揭示的範圍，故它又被稱為「第四宣言」。

從「三個宣言」、「臺灣基督長老教會信仰告白」到「臺灣主權獨立宣言」，長老教會在艱困的環境中不但摸索出了自己的政治社會關懷理念，並且也發展出具體的相應作為，更以這樣的理念基礎與尚在執政的國民黨李登輝政府周旋並選擇盟友。長老教會自豪地以「先知」與「守門者」自居，其定位是相當明確的。

（三）「公義與和平宣言」

「公義與和平宣言」宣言由長老教會總會「政治關懷小組」[24]草擬，該小組在春節前夕召開第一次會議後，針對「臺灣國內現況」、「國際社會情勢」、「臺灣中國關係」等三項議題，就長老教會信仰精神提出呼籲及建言，並在2月21日召開的總委會中接納通過，在二二八事件58週年的前夕發表。[25]

---

[23] 重要的有1992年「紀念二二八建立新臺灣聲明」、1992年「關懷臺灣前途之信息與建言」、1995年「新而獨立的臺灣聲明」1998年「關懷臺灣前途研討會聲明」、1999年「對李登輝總統兩國論的肯定與呼籲」、2001年「對陳總統政治統合論之回應與聲明」、2001年「關懷臺灣前途研討會呼籲文」、2005年「公義與和平宣言」等。見長老教會網站：http://service.pct.org.tw/announce2.nsf/5fc5efa0ab4c92974825673900089b4e?OpenView。

[24] 包括長老教會前總幹事高俊明牧師、羅榮光牧師、長老教會總會議長陳道雄牧師、總會副議長陳信良牧師、助理總幹事林宗正牧師、東吳政治系教授黃昭弘等人。

[25] 當時的長老教會總會總幹事羅榮光解釋了該宣言提出的背景：「去年年底立委選舉後，執政黨未獲得國會過半席次，陳總統也提出『政黨協商合作』作為施政主軸，

「公義與和平宣言」之基本想法是來自「臺灣基督長老教會信仰告白」中「根植於本地，認同所有的住民，通過愛與受苦，而成為盼望的記號」的理念。由長老教會總會草擬，並在21日召開的總委會中接納通過。其中的重點是：

> 「一、臺灣主權獨立是政黨合作應堅持的基礎：追求和平是人類共同的目標，但和平應建立在公義的基礎之上；政黨間之協商及合作，必須以臺灣國家主權獨立為前提；二、追求公義和平乃是國際社會共同的責任：臺灣長期被孤立於國際社會之外，是違背普世公義和平的原則；三、確立臺灣與中國的新關係：臺灣與中國應秉持平等互惠、和平共存的原則，互相承認與尊重。」[26]

　　仔細分析「公義與和平宣言」之意識型態，其實並未脫前四個宣言的範疇，只不過更回應了現實的情境（別忘了在長老教會的血液中本就有遺傳自諾克斯那種「主動抗爭」、「因時制宜」的特質）。在「公義與和平宣言」中，我們隱約可以看到長老教會所面對內外交煎壓力下的焦慮：外在是過去盟友可能的背棄、美國的不友善發言、中共併吞的危機；對內則有教會內對理念模糊的質疑、認同意識降低的現象。特別是要提醒新的繼任總幹事張德謙牧師，因此必須確保「高俊明－楊啟壽－羅榮光」一貫追求臺灣主權獨立路線的傳承，所以除了對外界再次宣告長老教會的基本立場之外，也藉此對教會內釐清已經開始模糊的基本認同。

政府更公開表示現階段不適合推行制憲正名，而中國正處心積慮制定〈反分裂國家法〉，這些情況令眾多關心臺灣國家前途的牧長信徒對政府的說法感到困惑，對國家前途感到憂心。」參自《臺灣教會公報》，2765期，2005/2/27，頭版。

[26] 「公義與和平宣言」內文詳見長老教會網站：http://acts.pct.org.tw/bulletin/announce. ASP?id=098。

（四）政治性宣言的分析與討論

自1971年至2005年，臺灣基督長老教會總共發表了6篇重要政治性文告或聲明，都是對於當時的社會現象與政治情勢的回應與呼籲。若每一篇政治性宣言都是長老教會以其信仰基礎對當時政治情境的回應，那麼我們可以將五大政治宣言（三大宣言、主權獨立宣言、公義和平宣言）做比較，來檢視長老教會在面臨不同情境挑戰時，其不變的傳承是什麼？其中會轉變的部分又是什麼？

宣言名稱	國是聲明	我們的呼籲	人權宣言	主權獨立宣言	公義和平宣言
發表時間	1971	1975	1977	1991	2005
情境	中共加入聯合國，臺灣退出聯合國，美國尼克森即將訪問中國	國民黨政府沒收羅馬拼音臺語《聖經》、取締臺語講道，美國總統福特將訪問中國，許多國家陸續與臺灣斷交	中美即將建交，臺美斷交	李登輝主政，國民黨廢除動員戡亂，開始重視重返聯合國，民進黨通過臺獨黨綱	美國不友善發言，民進黨偏離「主權獨立」理念，中共制定「反分裂法」
當時總幹事	高俊明	高俊明	高俊明	楊啓壽	羅榮光
對政府訴求	內政革新，中央民意代表的全面改選	維護宗教信仰與語言自由，准許教會參加國際性組織；促進政教間之尊重與信賴；徹底實施憲法革新政治；促進臺灣和諧團結，加強社會發展	政府主導建立新而獨立的國家	制訂新憲法，總統直選，組織新政府，建立新國家，公投正名加入聯合國	政府須堅持維護臺灣國家主權獨立，照顧弱勢者、實現社會正義；政黨間之協商及合作，必須以臺灣國家主權獨立為前提
對國外訴求	反對外國勢力干涉臺灣主權，臺灣的命運應由臺灣住民決定	無提及	堅持保全臺灣人民的安全、獨立與自由；支持臺灣住民自決	尊重臺灣主權獨立	支持臺灣國加入國際組織，參與國際事務，尊重及維護臺灣國家的獨立主權

宣言名稱	國是聲明	我們的呼籲	人權宣言	主權獨立宣言	公義和平宣言
對中共態度	拒絕共產極權政體	無提及	反對中共併吞	臺灣不屬中國，應互相承認與尊重	制定臺灣與中國關係法
對教會內反省	無提及	以愛心說誠實話，關心國家政治前途與社會公義；教會內部應團結、自立自主；與全世界教會建立密切關係	無提及	無提及	無提及
核心理念	住民自決	人民自由與權利	自決、人權、獨立	制憲、正名、獨立	主權獨立
與政府關係	尊重但不妥協	批評、挑戰威權		挑戰威權	提醒警告

從上面的比較中，我們大略可以看到長老教會從「自決」到「獨立」的基本路線並未改變，但是做法上從直接碰撞政權而漸漸回歸憲政體系。我們接下來看看其中有趣的轉變。

1、「理念」的轉變？從「獨立建國」到「制憲正名」

有人將「獨立建國」視為是極端派人士的口號，而「制憲正名」是比較屬於溫和派的訴求。但是在長老教會致力爭取臺灣主權獨立的過程中，「獨立建國」與「制憲正名」兩個口號常常交替出現。而自從1991年以來，「制憲正名」出現的頻率遠高於「獨立建國」，是長老教會的理念有了轉變？還是因著現勢所做的調整？

我曾訪問長老教會牧者，「獨立建國」是否等於「制憲正名」？有將近3/4的人認為兩者是相同的，「制憲正名」是「獨立建國」的務實做法。換句話說，在長老教會的教導階層，認為現在總會強調制憲正名的做法是從理念的宣導到做法的務實。臺灣的主權獨立已經是一個事實，一旦新憲法制定，人民循憲政途徑以公民投票將「臺灣」正名為國號，那就等於是一個新的國家了。我相信大部分支持「制憲正名」的臺灣人也是抱持著這種看法。

基本上，長老教會一般牧者之所以有這種看法，大概是受到兩個因素影響。第一，由於長期與民進黨菁英互動，而民進黨許多決策性人物都是法律科班出身，因此長老教會便得到了民進黨精英挹注後法制觀念的啟蒙——臺灣雖擁有「事實主權」，但仍須追求「法律主權」。一方面循國際法途徑以正名模式進入聯合國，並盡量以臺灣名義參加許多國際性組織；一方面循正常法制途徑，以「合法」的方式制定新憲法，然後以不違憲的模式更改國號。第二，長老教會高層在七〇年代後與黨外勢力接觸頻繁，後來在民進黨成立、甚至取得政權的過程中，長老教會有比其他教派更多機會實際參與政治運作。理念有時難以說服別人，但是一旦實際操作，原先的理念會因實際情況產生新的詮釋或認知。加上長老教會的代議體制傳統，原本便是一個政治協商性很強的體制，因此許多牧長會認為從「獨立建國」到「制憲正名」是實際操作上的必須。

但事實真的是這樣嗎？根據長老教會高層表示，「獨立建國」是既定的目標，也是理想。但是如果理想離現實有一段距離，那麼一般人反而會對它產生疑懼；相對而言，「制憲」與「正名」是可達成的，同時也能夠累積共識。當「制憲正名」真正成為全民共識時，「獨立建國」便不再是遙不可及的夢想了。

2、宣教意識的增長

以往臺灣基督長老教會在宣教的議題上似乎有一個盲點。長老教會極為強調斯土斯民，所以幾乎是全力投入社會關懷與政治關懷之中，也因此在社會關懷的資源挹注得比宣教事工多得多。長老教會最重要的目標似乎不是宣教，不是邀請更多人來分享「上帝國」的恩典，而是推動「臺灣獨立」，似乎把臺灣獨立等同於宣教。

其實，在2004年總統大選之前，教會內就有學者反省當前長老教會的宣教狀況，提出不應再以「統獨」作為最優先的政治關懷，

反而應從「宣教」的角度去看政教關係。[27]在5月底長老教會總會舉辦「上帝國宣教與政治關懷」研討會，會議主軸是以「宣教理念」為基礎，探討長老教會對臺灣前途、政教角色定位以及各政治社會議題的相應態度。[28]而當第五十屆長老教會總會通常年會開議之前，第2770期《臺灣教會公報》社論也以〈許我一個宣教異象的年會〉期許總會重拾宣教的熱忱。[29]臺灣長老教會最近積極與歐、美教會連結，並且積極參加許多的國際宣教會議，同時派遣觀察員與年輕學者參與宣教組織。幾次的「青年宣教大會」也都出現了在強調「上帝國」宣教時能夠不忘記其中的神聖向度，追求「社會公義」與「領人歸信」有效平衡的聲音。

不可諱言的，和其他教派比起來，長老教會在「宣教意識」上是比較薄弱的。在長老教會的神學院中是都有「宣教學」的課程，但是重點都在教導「宣教神學」「宣教理論」，卻幾乎不談實際的宣教事工。一方面是因為政治關懷的力道分散了「上帝國」宣教在其他層面——特別是宣揚福音——的注意力；另外，中產階級安逸習性也是因素之一。然而，許多長老教會青年，在目睹國語教派因著宣教取向而有極成功的教勢發展之刺激，同時因為全球化思潮影響，世界掀起了新一波海外宣教熱潮，所以在長老教會之中也開始積極地回應。[30]宣教意識的增強必定會拉扯原來長老教會政治關懷

---

27 李孝忠，〈臺灣當代政治處境的契機宣教——對長老教會宣教的檢視和建言〉，《臺灣教會公報》，2715期，2004/3/14，十七版。

28 會議於2004/5/31~6/1在公務人員訓練中心舉行，會中強調「上帝國宣教」（Missio Dei）是長老教會的宣教理念，長老教會的政治社會關懷亦由這理念出發。會後發表「上帝國宣教與政治關懷聲明」（簡稱「聲明」），承認長老教會現階段「全體教會對宣教工作的歸屬感和責任感不足，未來應加強信徒的宣教教育，擴展地方教會的宣教視野，推動各層面的實際宣教工作，並發展出在普世架構中的實質夥伴關係」。「聲明」全文可見《臺灣基督長老教會第五十屆總會通常年會報告書》，頁8。

29 見《臺灣教會公報》，2770期，2005/4/3，二版。

30 中華基督教衛理公會前任會督曾紀鴻牧師表示，長老教會總會過去幾位總幹事楊啟壽、羅榮光，政治色彩鮮明，對參與政治活動也較為積極。這次總幹事選舉由較少參與政治活動的張德謙牧師出線，多少反應教會內部多數人期望長老教會能在福音、宣教工作上多加強，減少政治活動的參與。

的強度，也因為回歸「宣教」，因此也會更謹慎處理與政府的相應
關係。

四、長老教會政治理念的挑戰與回應

（一）光譜之外的移動──張德謙牧師

　　長老教會與政府的關係將會如何演變呢？我想有一個相當關鍵
的因素必須考慮，那就是現（前）任長老教會總幹事張德謙牧師[31]
的態度與其特質。張德謙牧師是從基層地方教會牧會起家，是一位
學者型的牧者，也是一個內省能力很強的人，他在教育、社區以及
多元族群宣教上都有相當豐富的經驗。我們就其所發表〈顏色之外
──展望2004年後的長老教會政教關係〉與〈臺灣基督長老教會總
會總幹事就任詞〉的內容來分析，可以約略看出其領導的輪廓：他
會相當注意基層信徒的聲音與需求，正視教會內的實際狀況；[32]他
會強調自我反省的重要性，教會的改革是其他改革的基礎；[33]也會
強調「宣教」的優先性，並將「上帝國宣教」的理念平均落實於各
個社會關懷之中。[34]

---

[31] 張德謙牧師從2005年至2012年擔任台灣基督長老教會第五任總幹事。2013年開始，由
　　原助理總幹事林芳仲牧師獲選成為長老教會總會總幹事，一直至林牧師2019年中風為
　　止，後2020年由陳信良牧師接任總幹事。

[32] 「連涵蓋藍、綠兩派人馬的教會團體也出現緊張性，平時互愛互助的弟兄姊妹，不敢
　　或不願公然談論具有政黨或意識形態的敏感議題，唯恐破壞彼此的情誼，影響教會內
　　部的和諧。」（顏色之外）「不是總會說什麼，地方教會就做什麼，而是應由大家一
　　起來分享、討論，凝聚共同的異象、願景與使命」（就任詞）。

[33] 「長老教會這片園地，有時候就像這棵樹也會長滿了蟲。長老教會累積一百四十年的
　　信仰傳承，現階段似乎面臨許多內外的衝擊，這幾年來我們的教會與機構出了一些問
　　題，在宣教的使命上受到很大的攔阻。……所有的教會、機構或社會的問題，關鍵在於
　　人們怎麼去面對以及處理，如果我們願意謙卑反省去改革，我們就會重新在基督裡找到
　　再生的力量。」（就任詞）「面對時代的紛擾與需求，教會需要不斷的更新與改造，
　　以期造福更廣大的社群。」（顏色之外）「教會對執政的民主進步黨的確具有較多的
　　支持與同情，然而教會仍應回歸信仰的本質與教導，認清上帝擁有絕對的主權，凡事
　　以人民的福祉為優先考量，而任何世上的政權都需受到監督和指正。」（顏色之外）

[34] 「目前臺灣人心靈的改造與重建是教會的責任，要出去服事社區民眾前，必須先有內

這意味著什麼呢？首先，我們必須了解在長老教會之中，仍有相當比例的泛藍支持者，而一旦在教會內談到政治議題，往往教會的和諧便會被破壞。張德謙曾在客家庄牧會，這種體認必定相當強，所以若以信徒與教會實況為出發點，則政治參與的幅度與速度都必然會減緩；其次，因為強調長老教會自我改革的必要性，因此在其任內，應會將心力放在教會體制與問題的解決上，所以在政治參與與政教關係的互動上可能不會如同前幾任總幹事般頻繁，也不會有更激烈的宣言發表；第三，在強調「宣教」與「均衡關懷」的前提下，長老教會的政治參與行動應該會更加審慎，而其與執政者的關係也將更有距離。

　　因此，張德謙牧師所代表的長老教會的政治關懷態度，雖仍以「主權獨立」為主軸，但是與其他政黨的關係，將會採取「動態平衡」的新模式。所謂的「動態平衡」即是指在正與反、同意與反對、親近與疏離之間尋求平衡點，但因為兩個極端之間是互動的，是會有辯證拉扯力量的，所以教會必須隨時反省，以尋求在這動態之間的一個平衡。例如臺灣，便是在美國與中共之角力間求得一個「動態平衡」，使得臺灣不必向任何一方表態，或犧牲自我權益，卻能獲得程度上的安定與獨立。「動態平衡」的政教互動強調教會與政府，或與反對黨之間應保持一個空間。因為教會有一個更重要的準則——公義，應該遵循這個準則而謹慎反省教會整體的政治立場。這種的「動態平衡」，其實就是一種走出顏色標籤之外的意

在的信仰的體認。」（就任詞）「主耶穌基督給我們的大使命，就是宣揚祂的國、祂的福音，而『宣教』與『教育』，就像是鷹的兩個翅膀，必須平衡發展才能夠飛得更高，翱翔天際。」（就任詞）「臺灣社會目前最令人憂心的，不只是『統獨』議題，也不只是被泛政治化的軍購案，尚有層出不窮的社會問題。……社會的價值觀被扭曲，人內在的美善消失，物質雖豐厚但心靈卻極端貧乏，結果離婚率、自殺率、憂鬱症患者等節節上升，家庭破碎，幸福不再。相對地，不斷由人為因素造成的天災地變，致使家園滿目瘡痍。我們教會一方面應強調『轉化社會、重建心靈』，即鼓勵信徒注重心靈的改革，進而與社會有識之士共同營造具生命力的新社群，使我們的人民都能得著豐盛生命。」（顏色之外）

圖。教會的立足點不在於執政黨也不在在野黨，甚至不在中間的平衡線，而應在於從信仰誠實地反省。而得到的「公義」原則，無論是誰，無論執政黨或在野黨，只要合乎這個公義原則的，教會就應該支持，反之，教會就應當批判[35]。事實上，2008年3月27日張德謙牧師於長老教會總會第五十三屆年會中，以371票高票連任總幹事，也程度上說明了他的整體理念得到了認同。

（二）悄悄浮現的內部危機

當我們在探索長老教會如何在詭譎多變的政治現況中，尋找其應然的政教關係時，長老教會也必須面對悄悄浮現的危機。而這些危機可能影響甚鉅，卻又是不可避免的。一是傳承的危機，一是實踐的危機。

1、傳承的危機

世代交替是所有組織必經之路，長老教會亦然。然而在世代交替的過程中，首先要面對的，便是原初理念的褪色或變質。人的觀念認知往往是來自於他的實際經驗，現代人對於某些理念的認同，若不是親身經歷，否則很難義無反顧地捍衛。相對於早期教會的先輩，長老教會中年輕一代的信徒與牧師已經不再感受到所謂「威權壓迫」、「白色恐怖」，對他們而言，那些都是遙遠的傳說；反倒是政府政策的搖擺、兩岸經貿的往來頻繁才是他們所見到的。對年輕一代而言，他們會感佩之前的信仰前輩以自己的生命與精力來捍

---

[35] 8月5日中國時報刊出張德謙牧師的專訪，提到：「人權宣言是三十年前長老教會對國民黨政府的請願，如今教會仍要對執政者的提出呼籲，包括『新』是政府組織官僚體系的革新，去除貪婪腐敗的黑金官場，重建廉潔、愛心的公僕文化；『獨立』是自信、堅持上帝所賜給臺灣人民的人權與自決，以負責任的態度建造國際社會看重並尊重的國家。」「民進黨執政也有貪腐問題、買票文化，民進黨立委傾向財團，拚經濟卻缺乏社會公義，甚至漠視環境汙染的問題，尤其生命教育不夠，自殺率又高，這都是必須走出的舊醬缸文化。」先不論撰稿者在標題上是否曲解了張牧師的想法，但是至少張牧師對於當時民進黨的實況的確也提出了反省。

衛臺灣的民主；但是他們卻無法真正體會「獨立建國」、「正名制憲」的迫切必要，甚至有的人產生了「政治冷感症」。舉例來說，以往神學生一直對總會所提出相關的政治社會議題忘情投入，並且從全心參與中激發對土地與人民的強烈情感認同；然而今日的許多神學生對於參與社運興趣缺缺，原因只是「與學業無關」！神學生在教會常常被視為是「信仰諮詢者」，他們常可影響教會中的青少年，甚至他們也會變成將來的牧師。再過五年、十年，長老教會是否還能如以往般作為社會的良心？實在令人擔憂。

其次，長老教會體制更新與再造的速度無法有效符合年輕人的需求，使年輕一代信徒對整個長老宗傳統與體制產生「信心危機」。臺灣基督長老教會體制上本身有一些問題，在代議政治體制內往往充滿了人的軟弱與罪惡，現實政治中的姑息妥協、結黨營私，有時也程度上地出現在教會的議場內。體制改革牛步化，教會政治又缺乏見證，使得某些訴求也失去正當性。

2、實踐的危機

作為一個具有批判性格的宗教團體，在實踐其理念時將可能會面臨到一些困難或陷阱，若不加以注意，極可能會導致失敗。因為「批判」本身就有可能將「理性」理念導引至「非理性」的實踐行動，或以「工具理性」來規範認知理性的行動。行動的非理性化正是今日長老教會可能遇到的實踐危機。

（1）詮釋的異化

實踐危機首先面臨到的便是「詮釋的異化」，也就是所謂的「上有政策、下有對策」。當總會擬定並通過了一個重要政策時，一般是藉著文告或《教會公報》傳達給地方牧者與信徒。可惜的是，在總會政策開始執行時，會造成許多的問題，最後甚至許多政

策不了了之。[36]究其然，實在是地方教會牧長可以本身的認知與利益來詮釋總會政策，而造成詮釋太過多元化。一般而言，要解決此問題似乎不難，但在長老教會之中卻是困難重重。因為這個問題的解決之道在於「詮釋」。只要有一個具有權威的專責詮釋機構，並在教會宗教教育之中勵行法治教育，便可解決此問題。然而，這又可能會造成中世紀「教會權威」凌駕於「《聖經》」之上，回到天主教的路子去。而這正是改革宗教會所一直極力避免的。所以，只有將神學教育全面化，不只神職人員必須訓練，一般平信徒亦須有神學訓練，方有可能程度上減低此危機之可能性。

（2）目標與方法的異化

實踐危機的發生可能來自另一個面向：就是方法的問題——方法和理念的基本要求是否相符合。方法的正當性必須建立在「有效地」達成目標上；然而，在實踐過程中，人常會過度地注重方法而忽略了目標的基本要求。這種危機在今日長老教會基層信徒的政治關懷中最容易看見。在二十年的盟友關係之後，支持「本土政黨」已經成為長老教會信徒的政治意識型態，這樣的意識型態可能導致情緒性的支持，以至於在判別民進黨政府之作為與政策時無法直視其中之合法性；相對地，對於泛藍的政黨亦可能落入為批判而批判的情形中，忘卻了批判的原始目的。再者，當強調社會化的過程中，有時候會在過於追求群眾認同與「有效性」的情形下，忽略了

---

[36] 就以長老教會於第46屆總會年會（1999年4月）通過「21世紀新臺灣宣教運動方案」為例，該運動是長老教會近年來最重要的宣教運動。但是臺灣大學陳亮全教授於2000/1/17所發表〈「21世紀新臺灣宣教運動」方案推行的觀察與修正〉一文中，表示「本方案雖經過一年的宣導，也在總會年會中決議、通過，但仍有少數傳道人不知道有此方案。雖然絕大部分的傳道人已經知道本方案，但真正了解其內涵，願意傳達並執行的人並不多（知道96%＞願意69.5%＞傳達48.6%＞執行38.3%），尤其仍有傳道人並未認同此一方案。」「雖是總會年會的決議，但仍未真正達成共識，因此仍存有前述不了解、未傳達、不執行的現象。」「方案之基本理念具改革、革新性格，與目前教會的宣教觀（營造共同體落實上帝國）、中產階級安逸習性有些不符，具挑戰性。」這便代表了實踐主體對目標認知之落差。陳亮全文章見網頁：http://www.pct.org.tw/rnd/5Res05.htm。

原來的理念而採取更為「俗化」的方法，以至於失去了作為「社會上之宗教」除了社會性之外，亦須保持程度上的超越性。

五、結論──從「政治關懷」反思「教會政治」

「只要給他們麵包和競技節目看，他們就願意對你言聽計從。」這是在羅馬帝國開始衰亡時，相當流行的一句政治口號。民眾只要有一點物質的享受，再加上一點娛樂便會心滿意足了。而今天我們來檢視臺灣社會普羅大眾的政治理念時，很遺憾地也可以找到這樣的現象事實──只不過「麵包和競技節目」不再是政府統治當局的「德政」或是「慈悲」，而是一般人民的「權利」了。當我們在做一些政治評論，或對某一個政黨的候選人進行諸多的批評時，常常會忘了一點：今天的劣質政治，今天如雪片般飛舞而不實的政治支票，其之所以會產生，常常是因為我們的選擇所造成的。我們常常將一切社會的病態，都歸咎於現有的政治系統及執政官僚，但，容我這麼說，我們等於在自欺！在每次的選舉中──無論是中央大選或地方選舉，我們大概都已學會了不期望諸候選人實現任何承諾。這代表什麼？代表我們明知道他們說謊，但卻選一個謊話說得比較好聽的人來主導我們國家的前途與社會的福祉！

這種情形在長老教會之中也是存在的。教會中具有民主的基本政治性格，並且自豪地宣稱自己是臺灣最早代議制度的先驅，信徒們也以此自我標榜。然而，教會中的政治問題決不比國會遜色，今日教會中權力分配及衝突絕不少於一般政治場上之角力──結黨、長老頭、妥協、利益交換……等等。只不過教會中比較見不到肢體衝突，頂多只是拍拍桌子相互指責，或乾脆拒絕開會而已。為甚麼會如此？因為臺灣基督長老教會也是在臺灣的文中孕育出來的，臺灣文化中的優點缺點她都一併吸收。換句話說，長老教會要面對實際社會政治型態並做回應之前，先得面對自己教會的政治問題。

教會體制與政治體制是並存且相互影響的，若教會本身不求改革，不求自我健全，那教會何來合理立足點批評政治的不公義？若教會政治本身不回歸信仰，不讓上帝的公平公義與慈愛運行在教會運作中，那教會何能讓「上帝國」降臨在臺灣？

　　當組織的權力集中，共識凝聚的開始，往往也就是自我迷失的開始。體制的再反省必須反應出信仰的要求，今日長老教會面臨到一個重大的危機，那便是宣教動力式微，以至於信徒人數不增反減。許多教會的牧長會要求用各種策略來扭轉這種危機。但是我個人的看法是，如果在這些策略之下沒有深刻信仰反省的支持，那絕對無法長久。體制改革、政治關係，甚至社會服務皆不應該是一種手段或策略，而應該是一種信仰生命的外顯。共識的形成不應該是兩方人馬互相協調彼此最大的利益或彼此可接受的做法，而應該是誠實地面對《聖經》的真理，而彼此皆順服在《聖經》真理之下，並共同實踐之。

　　長老教會應該繼續為建構美好的政治體制而發聲，甚至應該參與整個政治環境的改造。但是同時也必須不斷作自我反省，不斷為自己的體制、信仰追求模式，甚至宣教模式進行改造。只要長老教會對政治參與有負擔，那麼自我的改造的腳步也絕不能停。

六、參考資料

Ernst Troeltsch著，戴虞盛譯（1960），《基督教社會思想史》，香港：輔僑。

W. S. Hudson編譯，許牧世、趙真頌等譯（1962），《不列顛宗教改革思潮》，香港：輔僑。

加爾文著，徐慶譽譯（1997），《基督教要義》（簡稱《要義》），香港：基文。

宋泉盛編著（1988），《出頭天——臺灣人民自決運動史料》，臺

南：人光。

李孝忠，〈臺灣當代政治處境的契機宣教──對長老教會宣教的檢視和建言〉，《臺灣基督長老教會第五十屆總會通常年會報告書》，頁8。

林素珍（1998），〈臺灣基督長老教會意識形態發展之研究（1865-1990）〉，《大仁學報》，16期，頁131-152

林鴻信（1997），《加爾文神學》，臺北：禮記，1997。

洪辭惠（2008），《臺灣政教關係之研究─以臺灣基督長老教會三大宣言為中心〉，國立中央大學歷史研究所碩士論文。

陳南州（1991），《台灣基督長老教會社會、政治倫理》，台北：永望文化。

黃武東、徐謙信、賴永祥等著（1995），《臺灣基督長老教會歷史年譜》，臺南：人光。

蔡維民（2001），《永恆與心靈的對話──基督教概論》，臺北；揚智。

（2009）《基督漫步於福爾摩沙》，臺北：五南。

廖安惠（1997），《北部基督長老教會「新人運動」之研究》，臺南：成大歷史研究所論文。

鄭仰恩（1999），《歷史與信仰》，臺南：人光。

臺灣基督長老教會總會發行（1981），《認識臺灣基督長老教會》，臺南：人光。

《臺灣教會公報》，2715期，2004/3/14，十七版。

《臺灣教會公報》，2765期，2005/2/27，頭版。

《臺灣教會公報》，2770期，2005/4/3，二版。

長老教會網站：http://service.pct.org.tw/announce2.nsf/5fc5efa0ab4c929 74825673900089b4e?OpenView。

陳亮全：http://www.pct.org.tw/rnd/5Res05.htm。

陳義明：http://www.pct.org.tw/ab_sen.aspx。

臺灣基督教喪葬儀式之變遷
——以客家教會「創新喪禮」為例[1]

一、前言

　　大概在臺灣的基督徒都會同意：在臺灣宣教的障礙中，最普遍的就是拜祖先的問題。多位這方面的研究者都認為向華人宣教最大的阻力，就是祖先崇拜的問題——尤其是客家人。無論他們在哪裡成家立業，每逢過年過節，都還要回老家，與同宗族的人一起拜祖先，家中有喪事，更是少不了宗親會的介入，造成家族傳統與個人信仰中的張力相當大。

　　神學家尼布爾（H. Richard Niebuhr）曾對基督與文化的關係提出五種類型的看法：「基督反乎文化」、「基督屬乎文化」、「基督超乎文化」、「基督與文化相反相成」、「基督為文化的改造者」。[2]克拉夫（Charles H. Kraft）提出「神在文化之上，也透過文化（God above but through Culture）」，這模式與尼布爾的第五個模式較接近。他認為文化的應用雖因罪而被污染，但其結構在本質上是中性的，無善惡之分，與神之間也沒有敵我之別。超然於文化之上的神，選擇使用人類的文化——既有限又不完美的文化——來作為向人類啟示自己的管道和媒介；同時，文化是動態的，隨時因人

---

[1]　本文原發表於台北真理大學於2009年5月所舉辦之「宗教儀式與地方發展」兩岸學術研討會。後刊登於《新世紀宗教研究》8卷3期，2010.3。

[2]　尼布爾著，賴英澤、龔書森譯，《基督與文化》，臺南：東南亞神學院協會，1986四版，頁35~39。

的改變而變動。因此，若有一群人的思想起了重大的變化，整體社會在文化的應用上，也會有較明顯的轉化。[3]

　　從這樣的觀點來看待臺灣基督教面對「祖先」的問題，我們可以得到一些思維：面對「逝去的親人」，臺灣人的需要是什麼？他們有向過世親人表達孝思的心理需要、與家族親人維持和諧關係之需要、……。過去的教會有重視這樣的需要嗎？又有處理並解決這些需要嗎？在禁祭的同時，有無替代的方案來滿足這些需要？早期基督徒為了信基督教不能在祭祖，幾乎與家庭、宗族割裂關係，因此，叫許多慕道友在信仰的抉擇上卻步。今日雖工商社會，大家庭已解體，問題不如往昔嚴重，但臺灣至今仍有不少人是整個家族一起祭祖的——特別是客家人，因此，今天基督教教會向臺灣百姓宣教時，不能忽視每個人背後的參考群體，甚至要試著討這些背後群體的接納，甚至歡心，才能在宣教上有較大的突破。

　　祭祖與喪禮是漢人連結生人與死者的倫理行為，它同時反映了漢人的永生觀。無論與死者生前的關係如何，對於喪禮都盡可能合乎禮數，所謂「人無禮不生、事無禮不成」。而臺灣基督徒也多少都受到這樣的價值觀影響。就基督教相關儀式來看，喪葬告別禮拜可能是最多非基督徒參加的一種聚會儀式；教會也常常宣稱，喪禮往往是最佳的宣教時機。但長久以來，傳統基督教喪禮都無法有重大的突破，能在儀式內容中涵蓋臺灣人對生死的關懷。

　　筆者在2001年曾參與臺灣基督教長老教會的「研究發展中心」之「客家教會宣教方案」計畫，其中便對於客家教會「追思三禮」提出熱切的討論，這是我第一次接觸到所謂的「追思三禮」。經過近十年的發展，終於在客家地區發展成熟，同時也期待推展到一般福佬的教會。在2008年由臺南神學院「雙連宣教策略研究中心」主導，在臺灣南部與北部分別舉辦「創新追思喪禮研習會」[4]。本文

---

[3]　Charles H. Kraft, *Christianity in Culture*, New York: Orbis, 1979, pp.113~5.

[4]　南部場次於2008年10月31日~11月1日於「中華電信高雄訓練所」舉行；北部場次原訂

將藉由相關文獻的整哩，並訪問對於「創新喪禮」著力最深，現任「客家宣教神學院」院長溫永生牧師，「永生禮儀公司」的負責人溫方生長老，以及長老教會客家宣教幹事彭志鴻牧師公開發表的一些談話，從理論面、實踐面來理解何謂「創新喪禮」，並從再從儀式功能之角度思考追思三禮的意義與貢獻，最後提出一些自己的反省。

二、臺灣基督教喪禮儀式之探討

所謂基督教的「創新喪禮」，指的其實就是在傳統的基督教喪禮中，加入「追思三禮」與「致敬禮」的儀式。在加入這些元素的過程中，其實是相當坎坷的。因此，在討論基督教「創新喪禮」之前，我們有必要先談談這段激辯的歷史，並且討論到底所謂的「傳統基督教喪禮」是怎麼回事。

（一）激辯的歷史

1971年1月15日（農曆正月初一），當時天主教于斌樞機主教在師大附中中興堂舉行「祭天敬祖」大典[5]後，激起基督教界的熱烈討論。除了極少數表贊同外，絕大部分都表示不同意天主教祭祖

於11月28~29日於「中華電信板橋訓練所」舉辦，後因報名人數未達預計而延期。將訂於今（2009）年6月5~6日假新竹聖經學院舉辦。

[5] 典禮是在鞭炮及雅樂中揭開序幕，先「設燎」意為光明以迎神，然後由主祭者率陪祭與獻祭者全體向黃帝、堯、舜、禹、湯、文武、周公、孔子、孟子，暨諸遠祖行三鞠躬禮，接著又行上香、初獻、亞獻、三獻、受福諸禮，主祭者並代表諸遠祖賜福，受福者都分享福糕。于斌樞機於次年二月十五日（農曆正月初一）舉行第二次祭祖，並宣佈把「敬天」與「祭祖」合併舉行。同時在除夕的聯合報發表「我為什麼提倡敬天祭祖」一文，他說敬天祭祖是中國的傳統文化，提倡敬天祭祖可以「敦教化、厚風俗」，他又強調「敬天」是對天主的敬拜，相等於獻彌撒，祭祖是對祖先的追念。見于斌，「我為什麼提倡敬天祭祖？」，『聯合報』（1972年1月14日），第十版「各說各話」欄；「天主教春節祭祖」，《基督教論壇報》，276期（1973年2月7日），二版「教會新聞」。亦可見溫永生，《臺灣祭祖及喪禮儀式問題的突破》，中華福音神學院教牧博士論文，2003.6，頁45。

的做法。[6]而從那個時候開始，埋下了基督教與祭祖討論的種子。隨著社會腳步的變遷以及各種宣教思潮之建立，近二十多年來，臺灣在這方面的有識之士，發起了幾次研討會，試圖能在祭祖問題上開創新局。

1982年1月8日由「教會更新研究發展中心」主辦，「宇宙光雜誌社」林治平策劃的「基督教傳教方法研討會」，在臺北懷恩堂舉行。[7]這次研討會的確是臺灣教會界積極尋求祭祖問題突破的濫觴。同年的4月19~23日在臺北劍潭青年活動中心又舉行「教會更新研討會」。其中一個專題是「中國教會的敬祖與喪禮」，這次研討會雖非以祭祖問題為主題，但其中的一個相關專題以示範講解進行，明顯是一個很重要的突破。[8]

1983年12月26~31日，韓國的亞洲神學協會與臺灣的教會更新發展研究中心，共同在中華福音神學院舉辦「回應祖先崇拜問題」研討會，是討論祭祖問題的第二波，共有來自亞洲九個國家的九十八位牧師、傳道、宣教師、學者出席，從聖經觀點、歷史觀點和對應的觀點三個角度來研討，[9]會中所發表的論文後來彙整出版《基督徒與敬祖》一書，成為研究祭祖問題的重要文獻。

---

[6] 鄭連明，「于斌樞機提倡祭祖有感」，《基督教論壇報》，279期（1971年2月28日）；另參276期、283期；章力生，《民族心靈之危機》，第二至四章。

[7] 此次研討會有四個專題，「由歷史的觀點分析尋找基督教在中國之傳教方法及其困難」（呂實強主講）、「由民族文化社會學及人類學的觀點檢討基督教在中國的傳佈方法及其未能在中國文化社會中生根發展的原因」（謝繼昌主講）、「由佛教民間宗教之個案探討宗教在中國社會蓬勃發展之原因」（韋政通主講）和「祭祖問題面面觀」（戴維揚、周聯華與林治平主講）。此是掀起有關「祭祖」敏感問題的第一波。這次研討會雖非以祭祖問題為主題，但其中的一個相關專題以示範講解進行，明顯是一個很重要的突破。不再是「紙上談兵」，只在理論觀念上探討，而是試圖設計出中國教會敬祖與喪禮的做法和儀式。相關記載可見夏忠堅編，「同工與事工」，《新生命雜誌》，47期（1982年1-2月），頁38。以及溫永生，《臺灣祭祖及喪禮儀式問題的突破》，頁128。

[8] 夏忠堅總編，「同工與事工」，《新生命雜誌》，47期，1982.1-2；49期，1982.4，頁37。

[9] 此次研討會，透顯出祭祖問題不只是臺灣與中國的基督教會的問題，受到中國文化影響較大的地區，如韓國、日本，都有這問題。此次研討會報導可見「教會更新研究發展中心」，《基督徒與敬祖》，序及頁171、174~175。

1985年4月1日，「教會更新研究發展中心」、「宇宙光雜誌社」主辦，「中華基層福音促進會」協辦，借臺北市懷恩堂舉行「中國傳統祭祖儀式與意義的探討」研習會。此次會議主要是文化人類學家李亦園的演講「祖先崇拜的儀式與意義」，周聯華、林治平及一些牧者的回應。[10]這次研討會，由基督教視聽聯合會出版四卷錄音帶，較大的貢獻是，把符號的觀念帶出來，建議教會必須有向死者表達敬意的符號，並示範了基督徒敬祖的儀式，有「點燭」、「舉花」和「倒水」，成為後續推展的起跑點。[11]

　　不過雖然有具體雛形，但在教會界仍未被普遍認同。由於客家宣教的困難，客家的教會勇於嘗試，在曾政忠牧師推動下，於1989年4月2日下午借竹北長老教會舉行擴大敬祖大會。[12]

　　1992年7月12日，聖公會三一神學中心在士林牧愛堂舉辦「祖先祭祀研討會」。會中分別邀請聖公會的陳大同法政牧師、臺南神學院王憲治牧師，以及三一神學中心主任徐子賢牧師從不同的角度，來探討祭祖問題，另外也邀請輔大宗教研究所所長報告天主教的做法，[13]但是其成效似未被普遍認同。

---

[10] 當天還有三場示範：基層福音的「家庭追遠聚會」、學園傳道會的「年夜飯後的感恩禮拜」，以及由周聯華、張曉風的「中國基督徒敬祖儀式」，及基督徒敬祖客廳的佈置，最後還有研討座談。此次研習會較大的爭議點是「符號」的認定！周聯華的「花者洋香也，洋人可以獻花，為何中國人不能燒香？！」較保守的人很難接受；向死者「鞠躬」也是問題，保守者認為這是拜偶像、犯十誡，開明者認為是向死者表達最後的敬意。相關報導見「基督徒如何敬祖？教會人士舉行研討」，《基督教論壇報》，1005期，74.4.7，第1版；馮家豪，「祭祖問題的第三波」，1006期，74.4.14，第3版。

[11] 張曉風，「基督徒敬祖範例」，《新生命雜誌》，1985.4，頁14-15。

[12] 邀請參與的牧者和基督徒有底下幾間教會，新埔長老教會、楊梅家庭教會（楊梅信義會前身）、公園長老教會、迦南長老教會、頭份長老教會、山仔頂崇真堂（平鎮崇真堂前身）等一百五十餘人。此次擴大的敬祖大會帶出的突破是會中舉行「三獻禮」，即倒水禮、獻花禮和點燭禮。「三獻禮」在桃、竹、苗等客家地區，逐步地在教會喪禮中被推廣使用。見溫永生，《臺灣祭祖及喪禮儀式問題的突破》，頁130。

[13] 之後，1995年聖公會就印製出版「敬祖禮文」小冊發行。由於聖公會的立場與天主教較接近，此次研討會除了有助於在聖公會內部達成一致性做法外，似難得到其他改革宗教會的共鳴。關於此次會議內容可見「祖先祭祀研討會」，《龐故主教德明紀念講座》（臺北：聖公會三一神學中心，1992年9月），頁2。

1994年7月18日，臺灣長老教會「出頭天神學工作室」與「曠野雜誌社」假臺南市亞伯飯店，合辦「基督徒與祭祖」座談會，後來出版《基督徒與祭祖》一書。此次座談會最大的意義是，臺灣長老教會在敬祖的實務上一向較保守（如十分反對「三獻禮」[14]），但是如今長老教會內已有人開始察覺正視祭祖問題的必須性。會中也得到一些共識，如以「敬祖」、「敬公媽」代替「祭祖」一詞，並建議日後應編寫「敬祖」的禮拜儀式範例。[15]

　　後來，第四十三屆總會第三次信仰與教制委員會[16]會議決議，對喪禮儀式，也已有突破性的觀點，容許獻花鞠躬，並為了出於孝道，不涉及迷信邪術時可行跪禮。1997年3月31日~至4月1日，信神與客家福音協會合辦「基督徒與民間喪禮研習會」，[17]會中「三獻禮」激起正反意見熱烈的討論，反對者質疑「三獻禮」是否有神學的基礎，合乎以神為中心的崇拜觀。[18]1998年11月22~23日，

---

[14] 民間信仰的「三獻禮」多用於敬神祭祖的時候，為祭祀中最隆重的禮節。所謂「三獻禮」，簡而言之，是遷主祭者數位向神明行三跪九叩禮，並三獻牲禮（酒、肉等供品），再讀祭文、燒金紙等表尊崇敬意的祭祀儀禮。三獻禮分為初獻、亞獻、終獻三個階段。初獻就是上香，亞獻就是上花果，終獻就是獻金帛，禮成後放鞭炮。而且是客家人特別在拜神祭祖時多會舉行「三獻禮」。而客家教會的「三獻禮」指的則是「獻花、倒水與點燭」三項儀禮。

[15] 此會分三大部分，首先是臺灣教會現況的分析，「從教會生活看祭祖」（謝淑民）、「從牧會關顧看祭祖」（李不易）；其次是文化的反省，探討祭祖在臺灣不同族群文化中所扮演的角色與意義（吳明義、曾昌發）；最後是神學反省，從宗教神學（董芳苑）、教義神學（黃伯和）、倫理神學（陳南州）和改革宗信仰（鄭兒玉）探討如何面對祭祖。相關內容可參黃伯和等，《基督徒與祭祖》，再版（臺北：雅歌，1996）；並參「福音要釘根，祭祖問題須融入」，《教會公報》，2212期（1994年七月24日），頁5。

[16] 「信仰與教制委員會」乃臺灣基督長老總會下轄對於教會制度傳統與文化對話的主要諮詢單位，其主要的任務為：（一）研究、制定或修正本宗信條及典禮；（二）指導各教會信條及信仰內容；（三）指導各教會禮拜或各種典禮；（四）受總會諮問，解釋本宗信條及典禮。見臺灣基督長老教會總會法規委員會，《臺灣基督長老教會法規》臺語漢字版，臺南：人光，2001，頁81。

[17] 此研習會有四個專題「民間喪禮的宗教意涵」（張玉欣主講）、「民間信仰的社會與心理意涵」（俞繼斌主講）、「神學觀點看中國民間喪禮」（周聯華主講）和「傳統教會喪葬的現況分析與評估」（廖昆田主講），會中也有三獻禮的示範（曾政忠主理）和本土化的敬祖方式（范秉添主理），及工作坊的分題研討。

[18] 後來在2000年12月1~2日中原大學宗教研究所舉辦的「宗教學術研討會」，其中之一

由APATS（信義宗亞洲研訓方案）臺灣委員會、客家福音協會及信神傳統信仰與新興宗教研究中心合辦「民間喪禮之跪與拜」研討會。[19]此次研討會重新反省了「跪」的意義，不全然是指宗教上的跪，也有禮俗的跪。

　　作為臺灣最大教派、也最強調宣教與社會服務本土化的長老教會，在幾次研討會與跨教派對話的刺激之後，也開始正視客家族群在禮儀上的適用性。真理大學和臺灣神學院都曾辦類似的研討會。[20]1999年，長老教會研發中心開始推動「跨文化宣教事工」計畫，其中便對於原住民宣教與客家宣教提出文化對話之反省；2001年研發中心開始進行「客家教會宣教方案」，在「文化與禮儀」這一組[21]的討論中就針對「追思三禮」提出熱切的討論；長老教會的「信仰教制委員會」也在2005年制訂，信徒在不忌諱的情狀下可以選擇向亡者跪拜禮。同時，「客家宣教委員會」成員在也都積極推動客家教會禮儀的更新，2008年2月14日，臺灣基督長老教會客家宣教委員會通過「創新喪禮與敬祖」，客宣委員會幹事彭志鴻牧師表示近期將提案至總會信仰教制委員會討論，待通過後，舉辦全國性說明會，讓地方教會有所依循。[22]

研討會由廖元威發表一論文「從基督教倫理和禮儀看祭祖問題」，由董芳苑回應，並進行研討。廖分析了祭祖的本質，並從孝道神學談基督教與儒家孝道觀的比較，最後，主張善用敬祖禮儀提昇孝道倫理，支持「創新進路」的「三獻禮」來實踐。董芳苑回應時，反對三獻禮，認為有違三一神論的信仰。

[19] 此研習會共有四個專題，「聖經中的跪與拜」（俞繼斌主講）、「跪與拜在中國文化中的意涵與變遷」（魏外揚主講）、「基督徒在今日民間喪禮及祭祖的跪與拜文化中之應對與見証」（廖昆田主講）。

[20] 真理大學於2002年11月舉辦「回顧與前瞻：基督宗教與臺灣文化」研討會，其中陳志榮教授曾發表「拜祖先的宗教現象分析」；而臺灣神學院也在同年11月25~28日舉辦的「雙連講座」中，以「祭祖／祖靈與基督教信仰」為主題進行討論。

[21] 成員包括李喬先生、臺南神學院的曾昌發牧師、葉海煙教授與筆者本人。

[22] 引用自《臺灣教會公報》第2923期文章「創新喪禮，基督徒放心表敬意，可望搭起福音橋樑」中，對彭志鴻牧師之訪問內容。只不過到成文為止，「信仰與教制委員會」幹事林芳仲牧師表示尚未收到這樣的提案。

（二）傳統臺灣基督教標準喪禮程序

　　到底有沒有存在臺灣基督教標準喪禮程序？若有的話，臺灣基督教標準喪禮程序為何？筆者在神學院就讀十餘載，很遺憾地，至少在我就讀時，並沒有相關課程；在搜尋長老教會內部相關的資料時發現，除了「信仰教制委員會」所發行的《教會禮拜與聖禮典》一書，以及新竹中會發行（2002），由陳道雄、詹德福、林柏壽、周主雄、朱志珍、陳世揚等編輯的《教會婚喪喜慶實務手冊》之外，就只有客家福音協會編輯小組所編輯，天恩出版社出版的《基督徒喪禮手冊》。另外，主要經辦基督教界喪禮的「永生禮儀公司」負責人溫方生長老，曾就其實務經驗也編寫了相關講義。因此，當我在實際處理教會信徒的相關喪葬事宜時，大部分是以過去自己的經驗以及臨場情況為準。

　　有關喪事禮拜，臺灣基督教長老教會總會信仰與教制委員會在1997年修訂的《教會禮拜與聖禮典》中說：「喪葬禮儀的制定不但關係著教會信仰的表達，也牽涉到教徒生活規範的建立。然而由於宗教儀式既反映一個宗教之信仰內涵，也纏扯著不同族群文化的價值與意義，（它）必須藉助特殊的文化象徵。」又說：「在不同族群文化中，為了將此一信仰內涵做適當的表達，藉由各族群之獨特文化象徵來制定禮儀，幫助生活與倫理，乃是必要的。」[23]教會該「藉由教會所身處之社會的文化象徵來制訂禮拜禮儀」這樣的神學主張，也得到研究禮拜學的牧者的贊同。[24]不過，在2001年修定版中，卻刪除了有關尊重文化，甚至採用文化象徵來表達意義的說法。[25]

---

[23] 臺灣基督長老教會信仰與教制委員會編著，《教會禮拜與聖禮典》，臺南：臺灣教會公報社，1997，頁93。

[24] 參看胡忠銘，《禮拜的更新》，臺南：人光，2000，頁209~225。

[25] 在新版《教會禮拜與聖禮典》序言中有這樣一段話：「臺灣是一個多族群、多文化，而且也是一個宗教信仰十分複雜的社會。因為這樣，每個人對「死」的瞭解及儀式也有很大的差別，甚至有相互對立及矛盾的現象。我們作基督徒，要怎樣在這樣諸多的宗教及文化的社會中，通過喪葬的禮儀來表達我們的信仰，也在眾人面前為主做好的

依照教會禮儀及傳道人認知，教會喪禮的細節多有所不同。有的會先在家中舉行短短「入木（殮）禮拜」（入棺並封棺儀式），儀式結束後，再由靈車移靈至教會。在家中移靈時，傳道人或以及其它參與的傳道人走在靈柩之前，走到靈車後，站在兩旁，看著靈柩安置在車內，然後再搭車到教會。不過今日在都會區的模式大多先在殯儀館舉行「入木禮拜」，然後直接火化。火化前也會有簡單的「火化禮拜」，火化之後的骨灰有的由家屬先帶回家，有的則先放在禮儀公司等待「告別禮拜」舉行。

　　等到喪禮（即告別禮拜）時，若是未先火化，到了教會以後，傳道人走在前面，帶領整個隊伍進入教堂，接著是扶棺人員，靈柩隨後，家屬走在靈柩之後，其它親朋好友隨後；有時候，喪禮之前，棺木會先放置在教會，供親友瞻仰遺容。若是一開始便將骨灰罈已放在花山時，則免去喪禮的行列進場。這時候，傳道人可以陪同家屬進入禮拜堂，或是自己直接走上講臺。

　　喪禮必須詳細、謹慎的計劃，以便程序能夠順暢進行，而且喪禮時間也不應該太長，以最多一個半小時為宜，任何禮拜的效果不是由時間的長短來決定的。一方面，喪家已經飽嘗喪事的緊張及壓力，實在不應該拖長喪禮時間；另一方面，喪禮也不可以太短，短到沒有經文信息及對喪家的哀悼之意。另外，喪禮的信息應該針對生者，死者是聽不見的。對死者講道的機會已經結束了，但參與喪

見證來榮耀上帝，這是我們要十分重視的。…在這個多元文化及宗教的環境中，教會的喪葬禮儀中心是對生命的主宰－上帝的禮拜，所以注重儀式的莊嚴、樸素，避免迷信或是有損信仰的儀式（譖損）。每個族群應該可以用自己的文化形式，來表達對生命的敬重及對死者的追思。不過我們要十分小心的來分辨，那些中間所代表的宗教、倫理、社會的意義，是否有符合我們的信仰。」其中把1997年版中「藉由各族群之獨特文化象徵來制定禮儀，幫助生活與倫理，乃是必要的」字句刪除，強調禮儀必須不為自己的信仰。見《教會禮拜與聖禮典》，2001，頁109~110。可見長老教會有體認到臺灣地區是個宗教性十分複雜的地區，不同宗教信仰對於死的觀念是南轅北轍的，甚至是相互矛盾的，而這種思想信念勢必影響到相關的喪事的禮儀。因此對於長老教會而言，在面對喪葬禮儀時仍然必須謹守基督教的信仰，所以在教會中舉行喪禮時必須有所堅持，拒絕不符合基督教信仰的儀式或禮儀，以維持基督教信仰的獨特性。

禮的親友卻是最需要藉由牧長所傳講的信息，讓他們感受到上帝的安慰，並重新反省並思考自己的終局。

　　喪禮結束後，司會指揮移靈，傳道人同樣走在靈柩面前，引領靈柩進入靈車，然後隨車前往墓地。抵達墓地之後，傳道人要馬上走到靈車後面，等候靈柩移出，然後引導靈柩移到墓地。家人、親友則跟隨靈柩來到墓地。當親友全部到齊後，傳道人開始主持安葬儀式。並且以禱告、祝福結束。以下是筆者曾設計並主持過喪禮的基本內容，可以配合不同教會儀式與傳道人習慣來調整內容。

　　在完成安葬儀式之後，教會仍然必須繼續關懷喪家。喪禮後的幾天，對家屬而言是孤單、傷痛的日子，他們從此必須面對家人逝去的事實。喪禮之後，傳道人必須前往探視這個家庭，給予鼓勵並提供需要的幫助，以協助他們渡過適應的日子。最好能在喪禮後一個月之內舉行「追思禮拜」，藉由教會與教友團體的支持力量來度過悲傷。以下簡單提供基督教喪禮程序範例與說明。另外實際喪葬禮儀程序可見（附件一）五個表格。

主內○○○弟兄（姐妹）告別禮拜

主禮人：○○○牧師

司禮人：○○○長老　　　　　　　　　　司琴人：○○○老師

（司禮：「奉主耶穌基督的聖名，主內○○○弟兄告別禮拜開始，請奏樂。」）

奏　　樂⋯⋯⋯⋯⋯⋯⋯⋯⋯⋯⋯⋯⋯⋯⋯⋯⋯⋯⋯司　琴

（介紹每段內容，讀時加個「請」字）

宣　　召⋯⋯⋯⋯⋯⋯⋯⋯⋯⋯⋯⋯⋯⋯⋯⋯⋯⋯司 禮 人

（只宣內容、宣召兩字不用讀出來）

聖　　詩⋯⋯⋯234首「我如出外人客」⋯⋯⋯會　　眾

（琴開始彈時，說「請起立」）

祈　　禱⋯⋯⋯⋯⋯⋯⋯⋯⋯⋯⋯⋯⋯⋯⋯⋯○○○牧師

（會眾仍然站立，請牧師帶祈禱）

讚　　美⋯⋯⋯⋯「詩篇廿三篇」⋯⋯⋯○○○合唱團

（讚美請○○○合唱團）

註：可事先知道要唱的詩，必要時可重點讀出詩歌內容免於冷場。

聖　　經⋯⋯⋯⋯約翰福音十四：1~4⋯⋯⋯⋯○○○長老

講　　道⋯⋯⋯⋯⋯「回到父的家」⋯⋯⋯⋯○○○牧師

（司禮：「請○○○牧師來講道，他要講的題目是『回到父的家』。」）

註：以安慰、追思、盼望，不要講太多聖經人名或故事，多用現實的比喻

祈　　禱⋯⋯⋯⋯⋯⋯⋯⋯⋯⋯⋯⋯⋯⋯⋯⋯○○○牧師

故人略歷⋯⋯⋯⋯⋯⋯⋯⋯⋯⋯⋯⋯⋯⋯⋯⋯○○○長老

慰　　詞⋯⋯⋯⋯⋯⋯⋯⋯⋯⋯⋯⋯⋯⋯⋯⋯○○○長老

慰　　　詩…………「我有至好朋友…………○○教會松年團契
聖　　　詩…357首「天頂實在有好土地」（故人愛吟）…會　　　眾
靜　　　默……………（追思故人）……………會　　　眾
祈　　　禱…………（為遺族祈禱）…………○○○牧師
哀　　　謝…………………………………遺族代表
（可由一位家屬代表上臺說些感謝的話，全體家屬起立面向會
眾，講完一鞠躬。或講完家屬再起立面向會眾一鞠躬。也可全
體原位起立，面向會眾一鞠躬禮）
報　　　告…………………………………司　禮　人
（一般而言會報告離場的順序、到墓園的交通安排，以及送行
後的餐飲安排等）
頌　　　榮………513首「願主賜福保護您」…………會　　　眾
（司禮：「來吟頌榮的詩，聖詩513首『願主賜福保護您』，
詩歌唱完請○○○牧師祝禱，請請立）
祝　　　禱…………………………………○○○牧師
殿　　　樂…………………………………○○○老師
　　　　　　～若未封棺則會後瞻仰遺容～
（家屬太少時牧師可在當中幫忙答禮，封棺前或骨灰要移出前
召集全體家屬圍在棺木或骨灰前禱告。）
送行順序：1.十字架　2.牧師　3.遺像　4.棺木（骨灰）　5.遺族
　　　　　6.會眾

（資料來源：永生禮儀公司溫方生長老提供）

三、「創新喪禮」之意義與實踐

（一）「創新喪禮」之具體作法

前面說過，所謂「創新喪禮」便是傳統的基督教喪禮加上「追思三禮」與「致敬禮」。我們剛剛簡單介紹了基督教傳統喪禮的一些原則，接下來便分別介紹「追思三禮」與「致敬禮」的具體作法。

1、「追思三禮」之具體作法

按照溫永生牧師的說明，「追思三禮」設計的基本觀念如下：①以大使命為核心目的；②以信望愛為抉擇依據；③以合乎中道為進行態度；④以中國文化為背景考量；⑤以教內教外作均衡評估。追思三禮是由1985年4月1日「中國傳統祭祖儀式與意義的探討」研習會中，所示範的「中國基督徒敬祖儀式」及客家地區所施行的「三獻禮」改良而成。[26]

追思三禮所需的禮器，基本的有水壺或水瓶、水、花瓶、花束、燭臺、蠟燭。在禮儀過程中，「水壺或水瓶」、「花束」及「蠟燭」等禮器舉高時，意義是「高舉神」！「水」表天父是萬物本源，「倒水禮」的意義，就是敬拜萬物本源的天父，並思念祖先是宗族血脈的流傳者；「花」表基督榮美的生命，「獻花禮」的意義是，尊崇榮美生命的基督，並思念先人美好的品德與行為；燭「光」表聖靈的光與能力，「點燭禮」的意義是，渴慕與懇求聖靈的光照、引導與充滿，使在世的親人及後世子孫能有好的行為，來見証主、榮耀主，並光宗耀祖。其擺設見如圖一。

---

[26] 此為溫牧師訪談時之說明，亦可見溫永生，《臺灣祭祖及喪禮儀式問題的突破》，頁134~135。「三獻禮」內容則可參客家福音協會編輯小組，《基督徒喪禮手冊》，臺北：天恩，1991，頁70-73。

圖一　追思三禮之擺設

在擺設上，追思三禮一般會準
備兩束花（桌子最外邊）與兩
個花瓶，作為獻花禮用；一個
水缽（桌子中間）與兩杯水，
作為倒水禮用；以及兩個燭臺
做為點燭禮用。排列如左圖。

　　當追思三禮用在教會喪禮中，「倒水禮」可邀請「宗親代表」
擔任主禮人，就是宗族中輩份最高，或最有選名望者；「獻花禮」
可邀請「姻親代表」作主禮人，如母親娘家輩份最高的人；「點燭
禮」則可安排「教會代表」。溫永生牧師受訪時強調：

　　「主禮可以由親族擔任。而教會協助的動作就是在一開始講說
『追思三禮典禮開始，會眾請起立。』那種整個氣氛就不一樣了，
感覺很慎重。『倒水禮，主禮人某某某，請主禮人就位』，某某某
到臺前來，司儀還是要由我們教會同工來擔任，他們就只是做主禮
人。」

　　「（主禮）通常是有兩個代表。人數少，一個代表也可以。那
我們還要安排兩個襄禮，讓襄禮做比較多動作，因為主禮他往往不
能來彩排，主禮只做一件事「高舉手」，而我們賦予神學的意義就
是『高舉上帝手』，然後去交給襄禮做這些動作。對主禮人來講這
樣他會感覺比較被尊重，那我們都印在節目單上，主禮人是『宗親
會會長』。」

　　其實際的實施程序則以下表加以說明，至於實際司儀的念誦與
相應動作部分，則請看圖二：

主內○○○弟兄安息禮拜

主禮：○○○牧師　　　　　　　　　　司會：○○○牧師

司禮：○○○傳道　　　　　　　　　　司琴：○○○姊妹

序　　樂……………………………………………………司　　琴

宣　　召……………………………………………………司　　禮

唱　　詩………………與主相親…………………………會　　眾

「內容省略」

祈　　禱…………………………………………………○○○牧師

讀　　經…………………………………………………○○○牧師

「內容省略」

獻　　詩………………恩友歌…………………………○○○詩班

「內容省略」

証　　道…………………………………………………○○○牧師

獻　　詩………………奇異恩典………………………○○○詩班

「內容省略」

追思三禮…（會眾請起立）（司儀啟、會眾應）……會　　眾

1. 倒水禮………………飲水思源………………………宗親代表

天父上帝，萬有都是本於你，也將歸於你，我們的先祖是你所造的，我們一切的福分是你所賜的，願榮耀歸於你，直到永遠，阿們。

（啟）上帝，我們今日恭敬站在你面前

（應）**追思我們親愛的○○弟兄（或丈夫、父親、朋友、同事…等）**

（啟）所有的河流都有它的發源地

（應）**所有的血脈也有它的傳承**

（啟）因此，當我們飲水思源時

（應）教我們不忘記你才是生命的源頭

（齊）是的，父神！你是一切生命的源頭

（齊）我們願歸回順服你，同飲於救恩的泉源，阿們！

2. 獻花禮⋯⋯⋯⋯⋯⋯懿德流芳⋯⋯⋯⋯⋯⋯姻親代表

感謝主耶穌，為世人釘十字架，從死裡復活，並藉著你所賜的
恩惠與力量，我們的先祖與親人留下了佳美腳蹤，願他們的美
德如花香長存，阿們。

（啟）上帝，我們今日肅立在你面前

（應）帶著我們手中小小的芬芳

（啟）像這束花所散發出小小的芬芳

（應）我們親愛的○○弟兄（或丈夫、父親、朋友、同事⋯
　　　等）留下了美好的榜樣

（啟）如今求你幫助我們也散發出生命的馨香

（應）好叫我們的子孫薰陶於我們的美德，阿們！

3. 點燭禮⋯⋯⋯⋯⋯⋯光宗耀祖⋯⋯⋯⋯⋯⋯教會代表

願聖靈常充滿我們，光照我們，引導我們，使我們在世渡日如
光照耀，以善行美德榮神益人，光宗耀祖，阿們。

（啟）上帝，我們今日恭敬地來到你面前

（應）舉起我們手中小小的光明

（啟）所有的火焰有它的火種

（應）正如所有的大樹有它的種子

（啟）我們今日來思念我們親愛的○○弟兄（或丈夫、父
　　　親、朋友、同事⋯等）他曾為他們的時代燃燒自己

（應）今日求你幫助我們為自己的時代發出光與熱能榮神益
　　　人、光宗耀祖，阿們！

```
故人略歷⋯⋯⋯⋯⋯⋯⋯⋯⋯⋯⋯⋯⋯⋯⋯⋯家屬代表

默哀追思⋯⋯⋯⋯⋯⋯⋯⋯⋯⋯⋯⋯⋯⋯⋯⋯會　　眾

謝　　詞⋯⋯⋯⋯⋯⋯⋯⋯⋯⋯⋯⋯⋯⋯⋯⋯家屬代表

頌　　詞⋯⋯⋯⋯⋯⋯願主賜福保護你⋯⋯⋯⋯⋯會　　眾
                「內容省略」
祝　　禱⋯⋯⋯⋯⋯⋯⋯⋯⋯⋯⋯⋯⋯⋯○○○牧　　師

致　敬　禮⋯⋯⋯⋯⋯⋯⋯獻花禮⋯⋯⋯⋯⋯⋯各界代表
```

（資料來源：永生禮儀公司溫方生長老提供）

在儀式進行中，以朗讀禱詞的方式，將上帝在歷史中主要的工作重述出來，如在倒水禮中，述說聖父的創造，在獻花禮中，述說聖子的釘死與復活，在點燭禮中，述說聖靈的光照與引導。溫牧師便提到：「希望這樣的設計，能在告別禮拜和敬祖追思禮拜中，充分落實以基督為中心的神學意義。」

而「永生禮儀公司」的負責人溫方生長老就其實際協助布置並操作「追思三禮」的經驗，認為以追思三禮來設計的告別禮拜，要兼顧言詞和儀式兩種方式。他說：

> 「在禮拜的施行上，會眾不是聽眾或觀眾，而是參與者，必
> 須讓他們充分了解整個『追思三禮』的意義。所以，在印程
> 序單時，要將儀式的意義印製在上面。同時，藉著啟應文，
> 除了讓會眾有直接參與的機會，也讓會眾了解其意義。」

當然，平日的教導也很重要，讓會友了解言詞吟誦和儀式所蘊含的意義，臨場時就容易投入拜神敬祖的情境中。必須清楚教導信徒：對神、對生人、對自己可以靈裡相通，但不能對死者靈裡相通，不能祈福，不能通靈。另外，在敬祖追思禮拜中，設計「敬祖

見証」（即故人略歷，可以請家人或故人好友來分享）、「思親心語」（家人對於故人的追念，有的可以用投影片打出來或製作成影片）及「追思默禱」的節目或儀式，可以讓會眾有更多的參與，並使禮拜在敬祖追思上有更豐富的內涵。

溫長老認為就實際實施上，參與者幾乎都持正面回應。不過他也表示：

> 「在是否實施『追思三禮』上，其實牧師佔了決定的地位。只要牧師決定了，也向家屬說明，家屬一般都不會有意見。……一般來說，在實施的族群上，仍然以客家族群為主。都會區福佬教會與國語教派的教會較少接受這樣的安排。」

> 「基本上，『追思三禮』的立意是好的。因為禮儀在不同的情境下，可以因人而有不同的改進與增減。……整體來看，（『追思三禮』）還是比較遷就世俗情況與習慣。」

2、「致敬禮」具體作法

「創新喪禮」除了「追思三禮」之外，也包含了「致敬禮」。溫牧師提到致敬禮時表示：

> 「致敬禮我的設定是對人的表達，所以我們用致敬禮取代公祭，這樣也會更容易的被臺灣本土的百姓接受。我們臺灣的喪葬文化就是有公祭，現在沒有公祭的時候，有時候家屬很為難，地方團體、地方人士，所以我們致敬禮就是取代公祭，但是我們就避免『祭』這個字，我們從頭到尾就是致敬禮然後或是主祭人、主禮人，其他的過程很像，可是用詞不一樣。」

目前的喪禮文化中，地方首長、民意代表及機關單位主管同事已習慣在公祭場合，表達對亡者的弔唁，和對喪家的關懷，所以，積極面有這種情感表達的需要；當然，不可否認，這些人士也希望露個臉、唱個名，藉此對亡者和喪家傳達訊息：「我很重視你們，所以，我親臨致意。」或許，政治人物也必有其政治目的，此也是消極面的人之常情。對於那些很想在一般公祭場合露臉的人，在教會喪禮中卻沒有機會，總是覺得缺憾。溫牧師便表示：「若教會能以致敬禮取代傳統公祭，以鞠躬獻花表達哀痛、尊敬與慰問之意，就能被外界更多的接受。」

　　致敬禮的禮器主要是花束或小花圈，禮文則是以鞠躬禮為主。程序的安排上是排在安息禮拜的祝禱之後，而且要印在節目單上，目的是讓出席者較清楚地了解這個禮儀是致敬禮，不是公「祭」，避免宗教意涵的聯想。[27]另外，為了能帶出改造文化的功能，讓參與者更明確地了解致敬禮的精神與意義，因此也設計「致敬禮登記單」，置於服務臺上供參與者使用；同時，若亡者年輕，改為「安慰禮」時，司儀口令仍照樣使用主（陪）禮人，無須更改。我們可以簡單比較致敬禮與公祭的司儀口令之差別。

　　必須強調的是，致敬禮的設計是用來向亡者表達敬意的。[28]因此，不似追思三禮那樣單純，它牽涉到複雜的、敏感的符號或象徵的選擇。[29]溫永生牧師提到這點時，特別強調他的原則是「延用活人禮節」：

---

[27] 溫牧師接受訪問時提到：「有些教會在安息禮拜的前半部舉行致敬禮，目的是免得讓致敬單位等太久，而覺得對他們失禮，這樣安排的缺點是秩序較亂，其實，可在訃聞中註明安息禮拜和致敬禮的時間，應該就可以解決。」

[28] 若是亡者是年紀較輕（如20歲上下），可改稱「安慰禮」（配合文化習俗，嬰孩或幼童可不必舉行安慰禮）。

[29] 儀式中的禮器與禮文，它們即是一種符號或象徵。

表一　致敬禮與公祭的司儀口令比較表

程序	致敬禮	公祭
宣佈單位	「致敬禮：請××（單位名稱），主禮人：○○○，陪禮人：○○○。」	「公祭：請××（單位名稱），主祭者：○○○，陪祭者：○○○。」
就位	「主禮人請就位」 「陪禮人請就位」	「主祭者請就位」 「陪祭者請就位」
獻花	「獻花」	「獻花」
向亡者致意	「向○○○行致敬禮」 「一鞠躬、再鞠躬、三鞠躬」	「向○○○行哀悼禮」 「一鞠躬、再鞠躬、三鞠躬」
禮成	「禮成」「奏樂」	「禮成」「奏樂」（無樂隊者免奏樂）
遺族答謝	「遺族答謝」	「遺族答謝」

（表格來源：《臺灣祭祖及喪禮儀式問題的突破》，頁151）

「舉例來說，在臺灣的處境中，我們迎見長輩、親友，或拜別時，習慣以『鞠躬』行禮表達，面對死後長輩、親友的遺体、遺像，以『鞠躬』表達孝心或敬意，豈不是很自然不過的事？又，活著的時候，我們會在機場接機、慶生會、畢業典禮、頒獎典禮、婚禮、洗禮、醫院探病，都在送花、獻花，不也是自然地表達我們對他的感恩或敬意？所以把活人禮節視為向死者表達敬意的符號，可成為不同地區、不同文化的取捨標準。」

「因此，可以這麼說，在喪禮或敬祖的場合，我們是在上帝和生人（死者親屬或宗親）面前，以鞠躬獻花這些（對活著的人會使用的）禮節，向著代表死者或祖先的『符號』，表達我們內心的愛、孝、尊敬或感恩，使生人（死者親屬或宗親）很清楚地感受到我們的用心與誠意。」

就這原則來看，目前在臺灣的社會裡，「獻花」是常用的活人禮節，因此，花是很中性的，應視之為「符號」；另外，在喪禮中面向遺像鞠躬，只表達對亡者的「敬意」、「懷念」、「追思」或

「孝心」，而不與其有任何對話或禱告等動作，如此就不會有拜偶像的疑慮。所以，致敬禮及敬祖禮儀中獻花與鞠躬，是合乎臺灣本地文化背景的，也是不違背聖經原則的做法。

（二）「追思三禮」之信仰與神學意義

在接受筆者訪談中，溫永生牧師表示：

> 「創新喪禮的追思三禮，是向上帝表達的敬拜禮儀，在設計時較具有自由度，我們可以按我們的神學觀點，如三位一體，及欲達致的追思與孝道意涵，配合當地文化背景，用倒水、獻花、點燭等符號，賦予與神學的意義，就可以達到目的了。」

按照溫牧師所言，追思三禮的設計，是與三位一體的上帝相連結，並在儀式進行中，以朗讀禱詞的方式，將神在歷史中主要的工作重述出來，如在倒水禮中，述說聖父的創造，在獻花禮中，述說聖子的釘死與復活，在點燭禮中，述說聖靈的光照與引導。同時，在每個「禮」的起始，主禮人須先將「禮器」，如水壺、束花、燭火，高高舉起，代表的神學意義是尊崇神、高舉基督！但是很可惜，溫牧師並未更多陳述此追思三禮的神學意義，因此我直接將「追思三禮」中所念的禱詞與啟應文（主禮啟讀，會眾回應）列出並分析其信仰與神學意義

1、倒水禮

（1）禱詞：「天父上帝，萬有都是本於你，也將歸於你，我們的先祖是你所造的，我們一切的福分都是你所賜的，願榮耀歸於你，直到永遠，阿們。」

（2） 啟應文

（啟）「上帝，我們今日恭敬站在你面前」，

（應）「追思我們父系及母系的祖先」

（啟）「所有的河流都有它的發源地」，

（應）「所有的血脈也有它的傳承」

（啟）「因此，當我們飲水思源時」，

（應）「教我們不忘記你才是生命的源頭」

（齊）「是的，父神！你是一切生命的源頭，我們願歸
回順服你，同飲於救恩的泉源，阿們！」

　　基督教在提到上帝的「聖父位格」時，特別強調其「創造之源頭」的地位。因祂是一切萬有的創造主宰，是所有被造生命的源頭，故強調「認識上帝」不僅僅是知識上的層次，而是必須付諸於行動上表明「認祂」，是名副其實的「認祖歸宗」。基督徒強調萬有都是從上帝那裡來，也要回到祂那裡去。新約〈羅馬書〉11章36節說：「萬有都是本於祂、倚靠祂、歸於祂。」因此，追念祖先其實便是要追溯到受造的源頭——上帝是人類最早祖先。因此「倒水禮」強調的意義是飲水思源，直指向聖父上帝。

2、獻花禮

（1） 禱詞：「感謝主耶穌，為世人釘十字架，從死裡復活，並藉著你所賜的恩惠與力量，我們的先祖與親人留下了佳美腳蹤，願他們的美德如花香長存，阿們。」

（2） 啟應文

（啟）「上帝，我們今日肅立在你面前」，

（應）「帶著我們手中小小的芬芳」

（啟）「就像這束花所散發出的氛香氣息」，

（應）「我們的祖先留下了美好的榜樣」

（啟）「如今求你幫助我們也散發出生命的馨香」，

（應）「好叫我們的子孫薰陶於我們的美德，阿們！」

　　基督教在提到上帝的「聖子位格」時，特別強調耶穌便是上帝的「道成肉身」。上帝成了肉身，就是耶穌，耶穌自稱「人子」、為要樹立人類可遵循的「榜樣」——藉由捨己與犧牲來顯明上帝的愛。因此只要是「基督徒」，就是「跟隨並學習基督的群體」。相同的，追念祖先也就是追念他們留下的各項德行與榜樣，而真正的榜樣在於基督。因此「獻花禮」強調的意義是祖德流芳，直指向聖子上帝。

3、點燭禮

（1）禱詞：「願聖靈常充滿我們，光照我們，引導我們，使我們在世渡日如光照耀，以善行美德榮神益人，光宗耀祖，阿們！」

（2）啟應文

　　（啟）「上帝，我們今日恭敬地來到你面前」，

　　（應）「舉起我們手中小小的光明」

　　（啟）「所有的火焰有它的火種」，

　　（應）「正如所有的大樹有它的種子」

　　（啟）「我們今日來思念我們的祖先，他們曾為他們的時代燃燒自己」，

　　（應）「今日求你幫助我們為自己的時代發出光與熱，能榮神益人、光耀宗祖，阿們！」

　　基督教在提到上帝的「聖靈位格」時，特別強調「聖靈」的工作是要引導信徒面對「終末」——未來的終局，也就是要啟示真理，讓信徒認識上帝和祂的旨意，並且引導信徒走在真理的道路上，也藉著賜給力量，引導信徒遵行上帝的誡命，讓信徒在「終末」時可以坦然面對上帝，通過最後的審判，然後進入「最後的上帝國」。所以，當追念祖先時，也就是勉力後代應當在社會當行的

正路上生生不息，按著聖靈的光照與引導而不偏左右。因此「點燭禮」強調的意義是榮神益人，直指向聖靈上帝。

四、從儀式功能再思「創新喪禮」

方蕙玲曾提出喪葬儀式的其功能有五：1、社會性功能；2、撫慰的功能；3、教育性功能；4、調整身心的功能；5、轉化經驗的功能。[30]余繼斌也提出喪禮有其社會意涵與心理意涵，它反映出對死者的尊重，也藉此提供親友公開表達哀傷的管道，並流露社群的支持與關懷；同時，喪禮也展顯了死者與家勢的身分象徵，也透過喪服制維繫了族群的秩序；同時，喪禮能成為哀傷情緒的舒發的場合或管道，在治喪的過程中，藉各種程序與儀式，讓哀痛的情緒有傾瀉的出口。[31]

若從宗教學的角度來看宗教儀式的功能，就我本身的理解，它同時可以具有「社會連結」、「心理撫慰」、「文化傳承」以及「靈性轉化」四重功能。整理了對「創新喪禮」的理解，我認為「創新喪禮」具有前三種的功能。

（一）「創新喪禮」作為儀式之社會連結功能

按照涂爾幹在《宗教生活基本形式》中的說法，宗教儀式藉由「某種看不見的作用，這種作用施加在我們的心靈上，並藉此對我們的精神狀態產生影響。」[32]因此，儀式是社會群體定期重新鞏固自身的手段。「當人們感到它們團結了起來，他們就集合再一起，並逐漸意識到了他們的道德統一體；這種團結部分是因為血緣紐

---

[30] 方蕙玲，〈喪葬儀式功能初探〉，《東吳哲學學報》第六期，民國90年4月，頁183~206。

[31] 俞繼斌，「民間喪禮的社會及心理意涵」，錄影帶，《基督教與民間喪禮研習會》，新竹：信神，1997。

[32] 涂爾幹著，趙學元等譯，《宗教生活基本形式》，臺北，桂冠，1992，頁343。

帶，但更主要的是因為它們結成了利益和傳統的共同體。」[33]儀式促使社會穩定和平衡，它溝通社群的共同值值，減少內部糾紛。就這部分，溫牧師在訪談時提到了「創新喪禮」的功能：

> 「以創新的基督教喪禮來講，最核心的我覺得也是它的功能——就是在喪禮的當中，可以讓那些未信主的家族長輩或者是親戚長輩，有機會參與在這樣的儀式裡面，而且他們的參與感覺被尊重，我們傳統的基督教喪禮，假如有未信主的長輩參加的話，那他就從頭到尾坐在那裡，跟著我們做禮拜，當然那他們的感覺不是那麼的被尊重。……但是有了追思三禮以後，我們就容許那些未信主的家族長輩、宗親會的會長或者是宗親會裡面比較長輩的那些家族的人，請他來主禮。第二個也可以請外家的代表（舅舅），這樣他們就會感覺這樣做很被尊重。」

> 「最重要的是尊重家族、尊重親族，讓他們有參與基督教儀式的意願，有很大的意義，我們這樣可以理解。」

從上述內容來看，「追思三禮」具有社會連結功能是無庸置疑的。透過邀請宗親、姻親擔任主禮人，就能充分表達教會對他們的尊重。同時，在告別禮拜中，他們因擔任主禮人，就頗有被重視的感覺，而有認同和參與感。有追思三禮的喪禮，喪家的宗親和姻親都能從頭坐到尾，很投入地參與，主因很可能就是他們的長輩擔任主禮人。

（二）「追思三禮」作為儀式之心理撫慰功能

馬林諾夫斯基認為巫術儀式的功能在於消除原始人的焦慮，

---

[33] 涂爾幹著，《宗教生活基本形式》，頁367。

鼓舞信心。[34]涂爾幹認為儀式可以展現出一種真實的精神效力，是所有參與儀式的人都會直接感受到的。因此，在儀式中，人們可以不斷獲得更新的體驗。[35]另外，儀式本身也具有取代功用，例如說牧師在進行聖餐的時候，信眾在下面，某種程度裡面投射——牧師取代了信徒在進行儀式這個動作，所以信徒可以感受到當牧師在做的時候也是他自己在做，這代表儀式本身就有移情投射的作用。又，宗教儀式本身就具有心理的「放大作用」，在儀式之中或之後的「開示」或「輔導」，其效能都大於純粹的心理輔導，所有的宗教，包括一般民俗治療在內，都能予以病人信心與慰藉，這就是很好的支持性心理治療。

　　傳統喪禮加上「追思三禮」的進行，除了提供了喪家一個表達傷痛、整合未來生命的機會，對於其心靈具有撫慰的積極性功能之外；也因為它同時聯結了傳統孝道價值與基督信仰，不會讓信徒必須在「祖先與上帝」之中做「二擇一」的選擇——無論怎麼選都有罪惡感，在家族傳統與信仰要求都能兼顧的情況之下，當然具有心理穩定的作用。另外，「追思三禮」中有「主禮」代替會眾進行禮儀的「儀式動作」（倒水、舉花、點燭）部分，也有會眾本身直接參與的「啟應唸誦」部分，基本上是可達到投射與慰藉的功用。

（三）「追思三禮」作為儀式之文化傳承功能

　　從文化人類學中「文化符號」的觀點來看，儀式是「由一套套不斷重複的行為所組成，當中儲存了人類所累積的歷史記憶、集體經驗、與情感表達。儀式的每一次演出就是對文化的一次書寫，每一次的書寫就是對文化的一次解讀與理解，而每一次透過儀式書寫的理解，就是又一次對文化的體現，所以儀式不僅只是一種文化設

---

[34] 馬林諾夫斯基著，朱岑樓譯，《巫術、科學與宗教》，臺北：協志工業，1978，頁67。
[35] 涂爾幹著，《宗教生活基本形式》，頁344。

置，更是一種文化體現的實踐過程。」[36]

　　作為符號的「追思三禮」，首先便有效乘載了漢文化中「孝道」的表現模式。當然幾乎所有的民族與文化都強調孝順，但是臺灣人卻更注重外在形式，[37]追思三禮透過具體可見、貼近本土文化特色的禮器與儀文，易讓參與者感覺基督教喪禮不再是那麼西方，而有自己文化的特色，這在深受大傳統（儒家孝道思想）和小傳統（民間宗教信仰）影響的臺灣社會，對於拉近臺灣人與基督教的距離，扮演相當正面的角色。更進一步來說，「追思三禮」具有省思漢人文化、禮儀意涵與信仰崇拜三者的和諧關係，雖然與傳統客家信仰之「三獻禮」不同，但是它借用基督教可接受的文化元素（獻花、鞠躬、倒水）來保存客家人重要的文化精神，這是相當值得認同的。

五、對於「創新喪禮」幾點批判性的反思

（一）「創新喪禮」仍具有相當程度的世俗性考量，令其被大多數基督徒接受的可能性減低

　　從相關的文獻資料與訪談內容的整理中，我們可以看到「創新喪禮」的世俗性考量仍相當的強。以「追思三禮」為例，透過邀請宗親、姻親的長輩來擔任「追思三禮」的主禮人，來表達教會對他們的尊重。

---

[36] 潘英海，〈儀式：文化書寫與體現的過程〉，刊於黃美英等著，《臺灣媽祖的香火與儀式》，臺北：自立報社，1994年，頁16-17、26；〈儀式：心靈的敘說與數術〉，刊於Carl A.著，汪芸譯，《失竊的靈魂：儀式與心理治療》，臺北：遠流出版事業股份有限公司，1994年，頁ii-iii。

[37] 臺灣人基本上是很愛面子的——我的「孝道」某種程度是必須被眾人認同才行。基本上，在找不到普遍可被接受的具體標準時，只好用某些可見的「形式」來表達自己的孝心，其中最被熟知的便是對已過世祖先的祭拜、以及「神主牌」的供奉。因此，「祭拜祖先」、「供奉神主牌」便成為臺灣人孝順與否的重要指標。又，全家人一起準備祭拜的東西，而且在祭拜完之後一起享用這些食物，除了得到祖先的護佑之外，也同時具有「認同家族價值」並「強固親族關係」的意義。

「有了追思三禮以後，我們就容許那些未信主的家族長輩、宗親會的會長或者是宗親會裡面比較長輩的那些家族的人，請他來主禮。第二個也可以請外家的代表（舅舅），這樣他們就會感覺這樣做很被尊重。」

而這些宗親與姻親之長輩因為擔任主禮人，就感到被重視的感覺，而有認同和參與感；甚至可以帶動宗親和姻親都能很投入地參與。這樣的思維很明顯是以世俗性考量為開始。又，「致敬禮」所透顯出來的世俗性更強。溫牧師本身就承認：

「在臺灣的民間喪禮中，『公祭』是相當普遍的事，尤其亡者或喪家中的成員在公家機關服務，或在民間事業單位任職，都會不能免俗地作此安排，而且職位愈高，愈有迫切的需要。若我們斷然拒絕有『祭』，會不會給人一種感覺，信耶穌不能辦公祭，而得罪親友，也無法向上司交代，而造成另一層的福音阻力？所這些親友與上司同事都可能影響自己或家族的信仰抉擇，我們有無可能設計一套教會『体制內』沒有拜偶像疑慮的做法？」

我不是反對儀式的世俗性格，因為所有儀式都是具有神聖意義的世俗動作。但是儀式的本質是指向神聖──不管是聖禮（Sacrament）抑或是一般宗教性禮儀。客家教會在推廣「創新喪禮」時，雖然很用心想將它賦予神學與信仰的外衣，但是難掩其「世俗妥協性」。「永生禮儀公司」的塭長老就提到：

「今天整個『告別禮拜』的程序是具有其神聖性的，插入『追思三禮』時，有些宗親長輩不熟悉整個程序，一下子找不到打火機、一下子不知道水要到哪裡，會中斷整個崇拜的

氣氛，這換成教會中的長輩不習慣了。」

　　我也問過溫牧師相關的問題，無論是「追思三禮」或「致敬禮」，當主禮人他們在上去主禮的時候，可以說是祭司或是主祭的地位；如果如此，那整個崇拜過程是一體的、神聖的，這時候如果說一個非信徒，來做禮儀的一個部分主持或某種部分主禮的話，會不會在神聖性上造成一些瑕疵？溫牧師在此提到了「詮釋權」的問題：

　　　　「不過我的想法是這樣，我覺得（追思三禮）整個儀式
　　詮釋權在我們的手裡，整個儀式的內容我們可以掌握，對整
　　個儀式、氣氛來講我們不用擔心。個人不能夠體會，甚至把
　　上帝的位子擺的不夠對。在那裡做那個動作，心裡想得是他
　　的祖先，這個有時候也很難免。……我們沒有辦法要求每一
　　個人都那麼完美，但是至少整個解釋權在我們手裡。」
　　　　「追思三禮當然跟聖餐跟洗禮有不同，所以比較不屬於
　　這種聖禮。那說完全沒有神聖性，卻又有些怪怪的。不過我
　　覺得主禮人比較屬於種尊稱，讓他感覺被尊重，事實上追思
　　三禮的主禮人還是司儀或是牧者，大概是這樣。」

　　無論如何，「創新喪禮」對於教外人的確是讓他們感到了被尊重、被重視的感受，也等於程度上釋出了基督教對於非信徒的善意；但是對於傳統基督徒而言，那種「崇拜神聖性」的中斷，就算上去的人只是「行禮如儀」，不具備主導權，但是在底下信徒的感受上仍然無法很快就能適應。梁家麟也對「中國基督教祭祖本色化」提出類似的觀點：

　　　　「我們面對的兩難是：所建立的『基督教模式』，與中國傳

統的做法相距愈遠，便愈缺乏解決問題的能力；惟是與中國傳統愈接近，便愈難在基督徒中間獲得一致的共識。」[38]

　　他的意思是，所建立的模式若在教會內認受性不高，只一小撮人採用的話，就缺代表性，無法在社會上產生廣泛性的護教效果。我想這一點是「創新喪禮」的倡導者們所要深入思考的部分。

（二）「創新喪禮」應該設法從「宣教策略」的定位轉化為「禮儀本色化」之定位

　　「創新喪禮」之所以出現，其中一個很重要的原因是為了宣教。溫牧師相當樂觀地強調：

> 　　「創新的喪禮儀式若能在臺灣教會界推廣，進而改變國人對基督教的刻板印象，有助於福音的宣揚，促進教會的增長。」
> 　　「這也是設計喪禮儀式和敬祖做法的核心目的，希望這一切的努力有助於『大使命』的完成。」

　　客家宣教委員會幹事彭志鴻牧師也認為：

> 　　「除非教會不宣教，那就繼續固守著傳統的教會文化。……我們相信，佔基督徒人口一半的長老教會加入『創新喪禮與敬祖』，會影響其他教派跟進。」

　　溫牧師並舉新約〈哥林多前書〉9章19~22節[39]中，使徒保羅認

---

[38]　刑福增、梁家麟，《中國祭祖問題》，香港：建道神學院，1997，頁190。

[39]　〈哥林多前書〉9章19~22節：「我雖是自由的，無人轄管，然而我甘心作了眾人的僕人，為要多得人。向猶太人我就作猶太人，向律法以下的人，就作律法以下的人，向

為在事奉上可行的，不違背聖經原則的，他會依從外邦人的慣例，為要有效向外邦人宣教。這代表宣教的原則是：只要不違背聖經，就充分地認同當地人，尊重當地文化，以僕人的心服事他們，傳福音給他們，使他們得救。[40]

我完全同意「創新喪禮」作為宣教策略的優越性與必要性。但是我也擔心，若是教會界不提升對「創新喪禮」的認知定位，一直只將它視為是一種「策略」的話，它將永無翻身之日。因為「策略」是可以因著行動目標的改變而改變的，它不是必要的，是可以被取代的。我認為，「創新喪禮」應該設法從「宣教策略」的層次轉化為「禮儀本色化」[41]的層次。「創新喪禮」被放在「宣教策略」上，與放在「禮儀神學」上，就教內而言，其重要性與被看重視的程度是有差別的。

事實上，在2008年10月31日~11月1日舉行的「創新追思及喪禮研習會」南部場次的分享內容中，臺南神學院牧育長曾昌發牧師與玉山神學院陳南州教授都從「本色化」與「神學建構」作為切入點來思考「祭祖」與「創新喪禮」的意義。[42]這代表只有將「創新喪禮」放在本土神學的層面，它才有被深入討論的價值。

又，就宗教學角度來說，「禮儀」的討論──不管是神聖性禮儀或一般性禮儀──原本便屬於「神學」的討論範疇。就算「創新喪禮」是「傳統基督教禮儀加上『追思三禮』與『致敬禮』」，我們也不能將它們分開來，它就是「一個」禮儀。因此，它必須整

沒有律法的人，就作沒有律法的人。向軟弱的人，我就作軟弱的人，為要得軟弱的人；向什麼樣的人，我就作什麼樣的人，無論如何總要救些人。」

40　見溫永生，《臺灣祭祖及喪禮儀式問題的突破》，頁73~74。
41　禮儀本色化（處境化）指的是將基督教儀式的內涵，以適合當地文化與處境的新形式或新符號表現出來，也有可能以原有的符號系統，經由新的詮釋，賦予新的意義。毫無疑問，禮儀一定會使用文化中的某些形式與象徵。但是藉由文化的涵化（acculturation）作用將文化過濾，改變，保存並且適應自己，直到那時人們即便仍可喚出已逝去異教儀式的某些元素，卻已是基督教的儀式內涵。
42　見「創新追思及喪禮研習會研習手冊」，頁4~19。

體地被討論，不是「追思三禮」應放在「禮儀本色化」層次討論，是「整個儀式」都必須重新被賦予本土性意義。如此，才能真正在「文化對話」與「禮儀變遷」的各種情境衝擊下都能屹立不搖。

（三）若以「需求」來看「創新喪禮」，它比較可能會被定位在「客家族群」的需求上

承續上一點的說法，「創新喪禮」來自於「宣教」上的需求，而宣教則面臨到社會上對於傳統文化表現模式的需求。而現在直接表現出有如此需求的便是客家族群。溫牧師提到為什麼「追思三禮」會從客家教會開始：

> 「追思三禮不是我發明的，是周聯華牧師，本來是沒有什麼人用，後來客家開始用。」
>
> 「有一點現實上的因素，所以會變成客家教會走在前面，原因當然第一個是說客家人對拜祖先是特別的重視，就是在信福音的部分，客家人在這部分的問題就是有大一點。」
>
> 「如果要信耶穌考慮的不是我的爸爸媽媽或兄弟姐妹，而是要考慮整個觀，這個是壓力特別大，所以對我們在客家宣教這個地方不突破就會更難，所以只有我們客家教會比較勇敢一點。」

「永生禮儀公司」溫方生長老提到他自己的觀感：

> 「一般來說，在實施的族群上，仍然以客家族群為主。都會區福佬教會與國語教派的教會較少接受這樣的安排。」

他也坦言為什麼一些傳統臺語教會或國語教派不必然選擇「追思三禮」：

「有些牧長認為原來教會內的儀式已經相當隆重、相當足夠了，為什麼還要去搞一個什麼倒水獻花等程序？」

我們可以有個假設，可能在都會區或現在新一代的臺灣人對於祭祖的觀念，越來越不那麼強的話，那麼對於「追思三禮」的必要性可能也會受到影響。例如說，現在年輕人越來越不拜祖先了，那甚至很多人拜完這一代，之後下一代就不拜了。這時候他們就不會迫切感受到說這個的必要性，也因為這樣追思三禮對於福佬人——就是一般的臺灣人，特別是都會的年輕人，就沒有那麼大的、正面上的意義。在這一部分，溫永生牧師有提出自己的看法：

> 「我是覺得我比較希望不要只有拘泥在客家族群可以用，所以我剛剛提到說其實是華人的文化思想，只是客家人比較看重，是因為到現在客家人還是把大陸那邊的傳統，保留的比較好還傳承下去，事實上很多漢文化的民族都有這種問題。」

> 「當然我們可以了解年輕人的心靈世界，他們對參與是有空參加，不然就是不要參加。……不過我覺得人到了某一個年齡，他關注的事情就會開始不一樣。到40歲……他可能就開始想我的根在哪裡？我的祖先從哪裡來？……我覺得文化的東西是很根深蒂固的東西，那沒有錯我們相信會有一點點變化，可是你說一下子就整個都沒有，我看沒那麼快。到某個年齡他開始會注重的時候，那個傳統東西就進來了，一代傳一代，非這樣做不可。」

事實上，溫牧師會如此樂觀是有他的道理的。2003年溫牧師提出其教牧論文時，曾就基督教創新喪禮的社會認同度做過問卷調

查。[43]其結論是閩南和外省族群與客家人一樣看重拜祖先的事，就算有程度上些微的差異，基本上對每一個漢人族群，祭祖都是宣教的大難題。另外，受教育方面，程度愈高，愈理性、愈開放，拜祖先的動機愈少宗教的動機，較多是社會功能和倫理功能的動機，對教會的態度也愈肯定；愈都市化的地區，愈對教會的敬祖做法採開放與肯定的態度。但是問卷是一回事，實際實施又是另一回事，溫方生長老就坦言都會區的教會並不完全能認同。問題可能出在於這些都會的牧師與信徒等覺得「沒有需要」。因為都會區的非基督徒其實已經頗能接受並欣賞基督教喪葬儀式，所以「創新喪禮」對其而言是可有可無，充其量只是一種「新奇」、「宗教文化融合」的示範性節目而已。如果做為儀式最大主導者的牧長本身不覺得有迫切需要，那麼這種「創新喪禮」將只被定位為「宣教需求」，對客家地區有效而已。

有一個解決辦法，那就是藉由長老教會的「信仰教制委員會」將這個喪禮模式收入《教會禮拜與聖禮典》禮儀本中，變成教會官方認同的合法禮儀模式；同時與神學院合作，能夠在那些「未來的牧師」尚未進入地方教會之前，便能給予有效地教育，最好是將這樣的課程同時擺放在「本土神學論述」與「實踐神學」層次，而不只是「牧會技巧」，強化「創新喪禮」在禮儀神學上的定位，再由他們負責啟蒙教會成員。如此雙管齊下，也許可以程度上看到成果。

（四）「創新喪禮」仍需要更深度的神學與信仰基礎的支持

若仔細看到現在為止所有對於「基督徒與祭祖」、「教會與慎終追遠」、「臺灣教會與喪葬禮俗」等相關的討論，甚至本色化神學等議題之學術性闡述，幾幾乎都是從「文化對話」、「宣教需

---

[43] 見溫永生，《臺灣祭祖及喪禮儀式問題的突破》，頁186~187。

求」等角度來探討。就算是有「釋經」的部分，也多是放在聖經中有關「慎終追遠」的經文以及對「拜偶像」的重新詮釋作整裡，總覺得其神學與信仰基礎不是那麼地深刻。溫牧師在他的論文與在訪談中，也不斷地提到理論基礎的重要性：

> 「我寫論文的時候，有個想法大概就是說，以前只是實做，
> 理論的東西比較少，我的論文最主要是對它做些理論基礎。」

因此，他強調自己是採取所謂的「取代模式」[44]來作為回應一般喪禮在文化層次的挑戰：

> 「取代模式在聖經裡可以找到一些根據，對神做工作有很多
> 是用取代的做，那我就從這個角度去強化，取代模式其實是
> 我們教會間應該採取的模式。」

但是他也承認「取代模式」雖然在教牧的實踐上是最易被瞭解、被接受、被落實的一種模式，但是不可諱言地，它缺一套整全牢固的神學理論。若是能為取代模式建立一套整全牢固的神學理論，作為各種做法的取捨標準，也許就可以解決問題。[45]

可惜的是，雖然他試圖運用各種學科——包括從文化對話、傳播學、處境化理論和崇拜學等，試圖建構一個周延的理論架構；

---

[44] 史密斯（Henry Smith）針對一般基督教會對於祭祖問題的回應，歸納出的四種模式中的一種。四種模式分別是摒棄模式（displacement model）、取代模式（substitution model）、實現模式（fulfillment model）、以及調適模式（accommodation model）。所謂「取代模式」重點是：1、對信仰的核心明確堅守，但對與信仰無直接關係的社會和倫理觀念及行為模式，採較彈性的變通。2、認為祭祖除了宗教功能外，尚賦有社會與心理的功能，主張不要全盤否定文化禮儀，而以基督徒的禮儀模式來替換傳統的模式。3、建基在傳道實用主義上，注重功能替換（functional substitute）原則，以新的做法（符號）來表達舊有的觀念（意義）。在此對史密斯四模式的理解引自邢福增、梁家麟，《中國祭祖問題》，頁55~94。

[45] 缺

也提出了「追思三禮」事實上是與「三一上帝」的敬拜互相聯結，更針對儀式中的某些「概念」予以詳盡地闡述（如花、跪、鞠躬等），但是很可惜的是，他沒有進一步地說明「追思三禮」如何與「三一上帝」在能有有效連結，同時也未有討論「禮儀神學」與儀式各環節的神學意義。這樣似乎「弱化」了「創新喪禮」做為一種禮儀的合法性地位，對於相當重視神學論述的「長老教會」便無法有效吸引其目光。

宗教禮儀的實施若要有堅實的基礎，就必須在「神學」層次有深入而細緻的論述，而不只是用自然科學、社會科學或人文學來作為論述根據。當然，多元而整合性的論述絕對是有必要的，也比較能讓非基督徒理解；但是，在「決定者與詮釋者」多為牧長的情況下，建構更深入且周延的「是經」與「神學」理論似乎才是王道。

六、結論

漢人基督教圈子之中，最被廣泛討論的大概就是「敬祖」與「如何敬」相關的議題了。今日的臺灣教會因著不同的教會傳統、神學背景，及屬靈追求，對喪禮儀式和敬祖做法產生不同的看法與做法。「創新喪禮」中的「追思三禮」是近年來最為具體成型，且接受度較高的喪葬禮儀，同時也可以運用到「敬祖大會」之中。檢視了其內容與其演變的歷史，我發現若是從「宣教角度」來定位「追思三禮」，其實爭議度比較小，因為它具有特定族群的特質，而且主要是能得到較外宗族親長的認同；但是作為一個能高度回應文化傳統的宗教性生命禮儀，它又不應只是被放在這樣的定位，應該被提升到「禮儀神學」、「本土神學」層次來討論。若是能有效建立更堅實的「神學論述」，同時提升此禮儀中的神聖性、卻不致犧牲其中的世俗性格，我認為「追思三禮」是值得大力推廣的。

我完全同意，「喪禮」可以是引導人願意去關注基督教的一個重要元素——不管是邀請非信者親屬參加基督教式的喪禮或是基督徒參加非信者親屬的喪禮。我本身有一個實際的經驗。2005年4月，妻子的外公過世，她的家族全非基督徒，所以確定是要舉行一般民間信仰的告別儀式。由於我在宗教系任教，也曾開過相關各宗教生死觀與喪葬禮儀的課程，很自然外婆就會徵詢我的意見，甚至要我與葬儀社溝通。對我而言這是最為難的：身為基督徒，甚至具有傳道人的身分，我該給予怎樣的意見？合乎「傳統信仰」的祭儀還是以基督教思想加以「改良」的儀式？由於我不是最後決定者，所以僅能提供意見，建議某些不必要的儀式能刪則刪；同時藉由充分的溝通與真誠的態度——該出現的時候絕不缺席，可以幫忙的部分絕不推辭，讓我們在整個告別法會的參與上有相當大的彈性，在許可的情況下，同時採取基督教的儀式；[46]同時禮節方面，在允許的範圍內以替代的動作或儀式來進行。[47]所以到了2008年11月岳父過世前，變得到家人的認同為奇舉行臨終洗禮，同時所有的喪葬程序便都交由我負責，讓岳父能舉行基督教喪禮。

　　臺灣人對於任何宗教的認同其實是相當「客氣有禮貌」的。事實上，只要是態度夠謙卑，夠誠懇，基本上一般人是不至於排斥基督教信仰的儀式，甚至也會對基督徒堅持信仰視為是理所當然的。我要強調的是，願意傾聽其他文化並自我改變是一種謙卑的態度，然而在作調適的過程中，還是要注意在必須定基在信仰特質中，再

---

[46] 例如在外公彌留時，家裡有以「助唸機」來助唸，我在徵得岳丈家人同意之後，與太太不斷唱聖詩並唸經文直到外公斷氣，之後也帶領家人一起做安息禱告；又，傳統宗教有「做七」的習俗，我們在「三七」時便要求用我們的方式舉行「追思聚會」，教會的人一起到家裡關心外婆與親人。

[47] 舉三個例子：1、雖然我沒有到遺像前上香跪拜，但我也沒有在坐在一旁，在儀式進行的過程中，我與太太全程肅立在旁，微微曲身低頭默禱；2、在溝通之後，太太沒批麻衣，我沒戴孝帽，但是我們都穿黑色的喪服並掛麻布帶在手臂來表達哀悼，並在齋儀中肅立默哀，避免「衝撞」儀式；3、當喪禮完結後，我們有參加「解穢宴」，不過我們只是視它為開解人和安慰人的「解慰宴」，而且席間我們不斷跟進慰問外婆與長輩。

來尋求文化認同與儀式表現之中的平衡。從宣教的角度來說，撒種的是人，但是讓種子成長的是上帝。我認為堅持信仰本質絕對不是一種「信念的傲慢」，而是作為信仰立基的最基本態度。

七、參考資料

（一）專書

王瑞珍（2000），《第三隻眼看祭祖》，臺北：校園。

王振寰主編（2002），《臺灣社會》，臺北：巨流。

臺南神學院雙連研究中心編（2008），《創新追思及喪禮研習會研習手冊》，臺南：臺南神學院。

臺灣聖公會編（1992.9），《龐故主教德明紀念講座》，臺北：聖公會三一神學中心。

臺灣基督長老教會信仰與教制委員會編著（2001年版），《教會禮拜與聖禮典》，臺南：人光。

臺灣基督長老教會總會法規委員會編（2002），《臺灣基督長老教會法規》，臺南：教會公報出版社。

加爾文·約翰，謝秉德譯（1978），《基督教要義》，香港：基督教文藝出版社。

尼布爾著，賴英澤、龔書森譯（1986四版），《基督與文化》，臺南：東南亞神學院協會。

刑福增（1995），《文化適應與中國基督徒》，香港：建道神學院。

刑福增、梁家麟（1997），《中國祭祖問題》，香港：建道神學院。

李智仁（1995），《臺灣的基督教會與祖先崇拜》，臺南：人光。

林綺雲主編（2000），《生死學》，臺北：洪葉文化。

涂爾幹著，趙學元等譯（1992），《宗教生活基本形式》，臺北，桂冠。

客家福音協會編輯小組（1991），《基督徒喪禮手冊》，臺北：

天恩。

莊英章（1990），《從喪葬禮俗探討改造喪葬設施之道》，臺北：
　　行政院研究發展考核委員會。

胡忠銘（2000），《禮拜的更新》，臺南：人光。

馬林諾夫斯基著，朱岑樓譯（1978），《巫術、科學與宗教》，臺
　　北：協志工業。

黃文博（2000），《臺灣人的生死學》，臺北：常民文化。

黃伯和等（1996再版），《基督徒與祭祖》，臺北：雅歌。

黃美英等著（1994），《臺灣媽祖的香火與儀式》，臺北：自立
　　報社。

許詩莉、戴臺馨（1995），《祭天敬祖禮儀的設計與現代化取
　　向》，臺北：輔大。

教會更新研究發展中心編（1985），《基督徒與敬祖》，臺北：教
　　會更新研究發展中心。

陳清水（1985），《基督教對當前臺灣祖先崇拜之探討》，臺北：
　　橄欖。

陳道雄、詹德福、林柏壽、周主雄、朱志珍、陳世揚編輯（2002），
　　《教會婚喪喜慶實務手冊》，新竹：臺灣基督長老教會新竹中
　　會總務部。

楊炯山（1996），《婚喪禮儀手冊》，第五版。新竹：新竹社會教
　　育館。

楊國柱、鄭志明著（2003），《民俗、殯葬與宗教專論》，臺北：
　　韋伯文化。

董芳苑（1988），《信仰與習俗》。臺南：人光。

董芳苑（1996），《探討臺灣民間信仰》，臺北：常民文化。

溫永生（2003.6），《臺灣祭祖及喪禮儀式問題的突破》，中華福
　　音神學院教牧博士論文。

孫隆基（1980），《中國文化的深層結構》，臺北：唐山。

鍾福山主編（1994），《禮儀民俗論述專輯－喪葬禮儀篇》，臺
　　北：內政部。

張軒愷（2006.6），《初探臺灣民間信仰之喪葬禮俗中的喪服制度
　　與其社會功能對臺灣基督長老教會的省思》，臺灣神學院道學
　　碩士論文。

廖昆田（1979），《從神學觀點研究當前臺灣漢人社會祖先崇拜之
　　宗教本質》，亞洲浸信會神學研究院神學碩士論文，臺北。

（2002），《與永恆有約》。臺北：中華基督教福音協進會。

Carl A.著，汪芸譯（1994），《失竊的靈魂：儀式與心裡治療》，
　　臺北：遠流出版事業股份有限公司。

Adams, Jay E. (1973), *The Christian Counselor's Manual*, Grand Rapids: Zondervan.

Charles H. Kraft (1979), *Christianity in Culture*, New York: Orbis.

Fee, Gordon D (1987). *The First Epistle to the Corinthians (NICNT)*. Grand
　　Rapids: Zerdverns.

Fretheim, Terence E. (1991), *Exodus*. Louisville, Kentucky: John Knox Press.

Hesselgrave, David J. (1978), *Communicating Christ Cross-Culturally*. Grand
　　Rapids: Zondervan.

Hiebert, Paul G. (1985), *Anthropological Insights for Missionaries*. Grand Rapids:
　　Baker Book house, 1985.

Kraft, Charles H. (1979), *Christianity in Culture*. New York: Orbis.

Luzbetak, Louis J. (1988), *The Church and Cultures: New Perspectives in Missiological
　　Anthropology*. New York: Orbis Books.

Tillich, Paul. (1959), *Theology of Culture*. New York: Oxford University Press.

Webber, Robert E. (1982), *Worship Old and New*. Grand Rapids: Zondervan.

（二）期刊論文

王武聰（2001.2），〈祭祖問題之再思〉，《臺福通訊》，32卷，
　　頁1-5。

（2001.10）〈不是沒有公媽，只是沒有公媽牌〉，《臺福通訊》，
　　第33卷，頁1-4。

方蕙玲（2001），〈喪葬儀式功能初探〉，《東吳哲學學報》第6
　　期，頁183~206。

俞繼斌（1998），〈從聖經看跪與拜〉，新竹：民間喪禮之跪與拜
　　長執研習會會議論文。

溫永生（2004.7），〈敬祖與喪禮處境化模式的建立〉，《建道學
　　刊》，22期。

夏忠堅總編（1982.1），（同工與事工），《新生命雜誌》，47期。

陳濟民（1986.8），〈基督徒與文化的根：敬祖與祭祖之間〉，《校
　　園》，第28卷第4期，頁34-37。

張曉風，（基督徒敬祖範例），《新生命雜誌》，1985年4月，頁
　　14-15。

趙天恩（1986.4），「從中國歷史看福音與文化的關係〉，《校園
　　雙月刊》，第28卷第2期，頁4-10。

（三）報紙、網路文章與其他

《基督教論壇報》，第276期、第279期、第283期、第1005期、第
　　1055期（1986年4月6日）。

《教會公報》，第2212期、2923期。

于斌，「我為什麼提倡敬天祭祖？」。《聯合報》（1972年1月14
　　日），第十版「各說各話」欄。

俞繼斌，「民間喪禮的社會及心理意涵」錄影帶，《基督教與民間
　　喪禮研習會》，新竹：信義神學院出版社，1997。

張玉欣，「民間喪禮的宗教意涵」錄影帶，《基督徒與民間喪禮研
　　習會》，新竹：中華信義神學院出版社，1997年。

周聯華，「從神學角度反省民間喪禮」錄影帶，《基督徒與民間喪
　　禮研習會》。新竹：中華信義神學院出版社，1997年。

謝宏忠，「祭祖的教導」錄音帶，臺北：臺北靈糧堂裝備課程，
　　　1998年1月4日。

基督教殯葬禮儀：http://homework.wtuc.edu.tw/~wenlurg/csld/index-003-5.
　　　htm

西方喪禮禮儀：http://translate.google.com.tw/translate?hl=zh-TW&sl=
　　　zh-CN&u=http://www.zybzw.com/web/show.asp%3FArticleID%3D544&sa

從此生死兩相依─淺思基督教喪禮：http://www.bjfengtaichurch.com/
　　　html/shenxue/shenxueyuandi/20080503/277.html

關於對生死觀念及其意義的討論──從人生信仰和對生死的觀念態
　　　度分析說起http://article.hongxiu.com/a/2008-9-25/2862954.shtml

附件一：基督教喪葬程序實例

表一～表四是筆者曾在所服務的教會位信徒喪禮所設計之所有程序（入殮、火化、告別、安葬）；而表五則是為自己岳祖父設計之追思禮拜程序。

表一 基督教入殮禮拜程序表

故余連松兄弟入殮禮拜程序
主禮人：蔡維民老師　　　時間：主後2004年7月31日下午2:00
司琴者：張秀珍執事　　　地點：臺北市立第二殯儀館追思廳
默禱……………………（預備心）……………………會　　眾
聖詩………………………第236首………………………會　　眾
祈禱………………………………………………………蔡維民老師
聖經………………………約翰11：25………………………蔡維民老師
短講………………………………………………………蔡維民老師
祈禱………………………………………………………蔡維民老師
入殮…………第351首（唱詩中瞻仰遺容）…………會　　眾
頌榮………………………第507首………………………會　　眾
祝禱………………………………………………………蔡維民老師

表二　基督教火化禮拜程序表

故余連松兄弟火化禮拜程序

主禮人：蔡維民老師

默禱⋯⋯⋯⋯⋯⋯⋯⋯⋯⋯⋯⋯⋯⋯⋯⋯⋯⋯⋯⋯會　　眾

聖詩⋯⋯⋯⋯⋯⋯第234首⋯⋯⋯⋯⋯⋯⋯會　　眾

祈禱⋯⋯⋯⋯⋯⋯⋯⋯⋯⋯⋯⋯⋯⋯⋯⋯⋯⋯蔡維民老師

聖經⋯⋯⋯⋯⋯約翰六：37⋯⋯⋯⋯⋯蔡維民老師

訓慰⋯⋯⋯⋯⋯⋯⋯⋯⋯⋯⋯⋯⋯⋯⋯⋯⋯蔡維民老師

祈禱⋯⋯⋯⋯⋯⋯⋯⋯⋯⋯⋯⋯⋯⋯⋯⋯⋯蔡維民老師

聖詩⋯⋯⋯第351首（遺體送入火化）⋯⋯⋯會　　眾

祝禱⋯⋯⋯⋯⋯⋯⋯⋯⋯⋯⋯⋯⋯⋯⋯⋯⋯蔡維民老師

表三　基督教告別禮拜程序表

故余連松兄弟告別禮拜程序

主禮人：蔡維民老師　　　　　　　　司琴者：張秀珍執事

司禮人：簡彰文長老

奏樂……………………………………………張秀珍執事

宣召……………………………………………簡彰文長老

聖詩………………第349首………………會　　眾

祈禱……………………………………………賴秀美長老

聖經………………約翰福音14：1-7………尹文文長老

講道………………「安息主懷」…………蔡維民老師

祈禱……………………………………………蔡維民老師

聖詩………………第354首………………會　　眾

故人略歷………………………………………張啟明長老

靜默…………（思念故人並為遺族代禱）………會　　眾

慰詩……………………………………………聖　歌　隊

慰詞……………………………………………張武雄長老

謝詞……………………………………………遺　族　代　表

頌榮………………第513首………………會　　眾

祝禱……………………………………………蔡維民老師

**出殯行列：十字架→樂隊→遺像→牧長→靈車→骨灰→遺族→
親友來賓**

表四　基督教安葬禮拜程序表

故余連松兄弟安葬禮拜

地點：林口頂福陵園

聖詩·············第6首·············會　　眾
祈禱·······················蔡維民老師
聖經·······羅馬書8：11·······蔡維民老師
短講·······················蔡維民老師
宣告·······················蔡維民老師
祈禱·······················蔡維民老師
埋葬·······聖詩第351首·······會　　眾
慰禱·······················蔡維民老師

清潔禮（遺族解下孝服）

表五　基督教追思禮拜程序表

<table>
<tr><td colspan="3" align="center">**故藍福老先生追思禮拜程序**</td></tr>
<tr><td>聖詩</td><td>第275首</td><td>會　　眾</td></tr>
<tr><td>祈禱</td><td></td><td>蔡維民傳道</td></tr>
<tr><td>聖經</td><td>約翰福音14：1-3，6</td><td>尹文文長老</td></tr>
<tr><td>慰詩</td><td>在日斜西山彼邊</td><td>中正教會信徒</td></tr>
<tr><td>講道</td><td>安息與復活</td><td>蔡維民傳道</td></tr>
<tr><td>祈禱</td><td></td><td>蔡維民傳道</td></tr>
<tr><td>聖詩</td><td>第347首</td><td>會　　眾</td></tr>
<tr><td>回憶故人</td><td></td><td>親　　族</td></tr>
<tr><td>靜默</td><td>（思念故人並代禱）</td><td>會　　眾</td></tr>
<tr><td>介紹</td><td></td><td>聶雅婷師母</td></tr>
<tr><td>頌榮</td><td>第513首</td><td>會　　眾</td></tr>
<tr><td>祝禱</td><td></td><td>蔡維民傳道</td></tr>
</table>

（資料來源：筆者自製）

附件二：追思三禮的程序與作法內容表

程序	司儀口令	主禮人動作	襄禮動作	會眾回應
典禮開始	「追思三禮 典禮開始」 「會眾請起立」	起立	起立、就位	起立
一、倒水禮	「倒水禮」 「主禮人○○○」 「主禮人請就位」	主禮人就位，之後從襄禮接領水瓶。	襄禮呈交主禮人水瓶。	
高舉禮器	「飲水思源」	主禮人高舉水瓶（約2秒鐘，之後將水瓶交回襄禮）	襄禮領回水瓶。	
朗誦禱詞	「天父上帝，萬有都是本於你，也將歸於你，我們的先祖是你所造的，我們一切的福分都是你所賜的，願榮耀歸於你，直到永遠，阿們。」	以禱詞同心向神默禱。	襄禮將水瓶中的水倒入臺前桌上花瓶中。禮成，站回就位處。	以禱詞同心向神默禱。
啓應文（司儀啓，會眾應）	（啓）「上帝，我們今日恭敬站在你面前」 （啓）所有的河流都有它的發源地 （啓）因此，當我們飲水思源時 （齊）是的，父神！你是一切生命的源頭，我們願歸回順服你，同飲於救恩的泉源，阿們！	（應）「追思我們父系及母系的祖先」 （應）所有的血脈也有它的傳承 （應）教我們不忘記你才是生命的源頭 （齊）是的，父神！你是一切生命的源頭，我們願歸回順服你，同飲於救恩的泉源，阿們！	1. 襄禮呈交主禮人程序單。 2. 啓應結束，向主禮人領回程序單。	（應）「追思我們父系及母系的祖先」 （應）所有的血脈也有它的傳承 （應）教我們不忘記你才是生命的源頭 （齊）是的，父神！你是一切生命的源頭，我們願歸回順服你，同飲於救恩的泉源，阿們！
倒水禮完畢	「主禮人請復位」	主禮人回座位		
二、獻花禮	「獻花禮」 「主禮人○○○」 「主禮人請就位」	主禮人就位，之後從襄禮接領花束。	襄禮呈交主禮人花束。	

程序	司儀口令	主禮人動作	襄禮動作	會眾回應
高舉禮器	「祖德流芳」	主禮人高舉花束（約2秒鐘，之後將花束交回襄禮。）	襄禮領回花束。	
朗誦禱詞	「感謝主耶穌，為世人釘十字架，從死裡復活，並藉著你所賜的恩惠與力量，我們的先祖與親人留下了佳美腳蹤，願他們的美德如花香長存，阿們。」	以禱詞同心向神默禱。	襄禮將花束插入臺前桌上花瓶中。禮成，站回就位處。	以禱詞同心向神默禱。
啟應文（司儀啟，會眾應）	**（啟）**上帝，我們今日肅立在你面前**（啟）**就像這束花所散發出的氛香氣息**（啟）**如今求你幫助我們也散發出生命的馨香	**（應）**帶著我們手中小小的芬芳**（應）**我們的祖先留下了美好的榜樣**（應）**好叫我們的子孫薰陶於我們的美德，阿們！	1.襄禮呈交主禮人程序單。2.啟應結束，向主禮人領回程序單。	**（應）**帶著我們手中小小的芬芳**（應）**我們的祖先留下了美好的榜樣**（應）**好叫我們的子孫薰陶於我們的美德，阿們！
獻花禮完畢	「主禮人請復位」	主禮人回座位		
三、點燭禮	「點燭禮」「主禮人〇〇〇」「主禮人請就位」	主禮人就位，之後向襄禮接領燭火。	襄禮呈交主禮人燭火。	
高舉禮器	「榮神益人」	主禮人高舉燭火（2秒鐘，之後將燭火交予襄禮。）	襄禮領回燭火。	
朗誦禱詞	「願聖靈常充滿我們，光照我們，引導我們，使我們在世渡日如光照耀，以善行美德榮神益人，光宗耀祖，阿們！」	以禱詞同心向神默禱。	用燭火將臺前桌上的兩根蠟燭點燃。禮成，站回就位處。	以禱詞同心向神默禱。

程序	司儀口令	主禮人動作	襄禮動作	會眾回應
啓應文（司儀啓，會眾應）	（啓）上帝，我們今日恭敬地來到你面前 （啓）所有的火焰有它的火種 （啓）我們今日來思念我們的祖先，他們曾為他們的時代燃燒自己	（應）舉起我們手中小小的光明 （應）正如所有的大樹有它的種子 （應）今日求你幫助我們為自己的時代發出光與熱，能榮神益人、光耀宗祖，阿們！	1.襄禮呈交主禮人程序單。 2.啓應結束，向主禮人領回程序單。	（應）舉起我們手中小小的光明 （應）正如所有的大樹有它的種子 （應）今日求你幫助我們為自己的時代發出光與熱，能榮神益人、光耀宗祖，阿們！
點燭禮完畢	「主禮人請復位」	主禮人回座位		
典禮完畢	「追思三禮完畢」 「會眾請坐下」	坐下	回座	坐下

（表格來源：《臺灣祭祖及喪禮儀式問題的突破》，頁139~141）

附件三：臺灣基督教喪葬儀式相關相片

板橋浸信會於2006年舉辦的「創新喪禮」之式場佈置。左下角之方桌擺設的是「追思三禮」相關用品。
相片提供：永生禮儀公司溫方生長老

客家教會於2001年所舉辦的「清明聯合敬祖大會」之式場佈置。圈起來的地方也是擺設「追思三禮」相關用品。
相片提供：平鎮崇真堂溫永生牧師

宗親長輩在主禮「倒水禮」的情景。
相片提供：平鎮崇真堂溫永生牧師

宗親長輩在主禮「獻花禮」的情景。
相片提供：平鎮崇真堂溫永生牧師

教會執事在主禮「點燭禮」的情景。
相片提供：平鎮崇真堂溫永生牧師

鎮公所與教會團體之互動研究
——以淡水「馬偕日」活動為例[1]

一、前言

　　淡水是東南亞海陸的中途站，大屯山又是極好的航途指標，因此至今七千年來一直有人類入居淡水，以部落形式過著漁獵、放耕的生活。淡水原住民皆屬居住於臺北一帶的凱達格蘭平埔族住民，早期中國和日本的船隻，經常停泊淡水，和他們從事貿易。到了十六世紀，西方海權強國，開始逐鹿亞洲，西班牙人於1629年的秋天，築聖多明哥城、建教堂，以做為殖民和宣教的基地，與赴中國、日本貿易及宣教的跳板。他們由淡水溯河入臺北平原，降服諸部落，並擴張勢力到新竹和宜蘭一帶。1641年，荷蘭為防止中日貿易路線被西班牙截斷，遂驅逐西人並重新築城（即今之「紅毛城」）。他們除了鎮撫平埔族，也招聚漢人來此拓墾，並致力於硫磺、鹿皮及土產的運銷，更利用淡水為港口和中國互市。

　　1661年，鄭成功渡海東征，驅逐南臺灣的荷蘭人，淡水也暫歸明鄭。此後，淡水除了原有「漢番交易」之外，漢人已漸漸到此從事拓墾，直到明鄭降清。漸漸的，淡水因與大陸最近，本身又為良港，「滬尾」由漁村漸成街庄和通商港口。[2]康熙年間淡北開治設

---

[1]　本文發表於2010年6月9-10日真理大學所舉辦「2010交融與跨越：馬偕學在西方與台灣」國際學術研討會。

[2]　早期港口發展在南岸之八里，1792年清廷才正式開放八里坌與大陸對渡，但因泥沙淤積腹地有限，港埠遂又逐漸移至北岸淡水。1808年，水師守備由八里坌移駐淡水。此後，淡水街民環福佑宮形成街衢。見郭廷以，《臺灣史事概說》，臺北：正中，

防，淡水由番社漸成村莊，山區也逐漸開拓。嘉慶年後，淡水不僅成了附近聚落的日常生活消費和物產集散地，也成了地區文化和祭祀的中心，主要廟宇也都先後建立。

鴉片戰爭之後，淡水逐漸為列強所注意，各國船隻私下到淡水港貿易，漸被視為具有潛力的市場。1872年三月九日馬偕博士也抵達淡水，並以此為其宣教、醫療和教育的根據地。西式醫院和新式教育得在淡水創設，對早期的臺灣開通思想、啟迪民智均有深遠的影響。1884年的清法戰爭更肯定了淡水在經濟、國防和政治上的重要地位。到了日本時代，淡水渡過了黃金歲月，但卻因河道日漸淤淺、大型船舶出入不便，加上日人領臺後，大力建設基隆港，兼以臺北、基隆間鐵路之便，終而取代淡水。[3]

繁華的淡水港淡出了臺灣的歷史，但是馬偕在淡水留下的基業，雖經過時代的變遷，其後繼者在理念和技術上卻一直調整經營方式、繼續造福今天的淡水。他所創辦的醫療中心滬尾偕醫館，已發展成全臺聞名的馬偕紀念醫院。他所開設的牛津學堂、臺灣第一所女子學校淡水女學堂也延伸成今日的淡江中學及真理大學。而親手設立為北臺灣開基教會的淡水教會，到今天仍是淡水最具代表性的教會。

六月初到淡水的遊客會發現，整個淡水鎮插滿寫著「馬偕日」的旗幟，每年的六月二日是淡水鎮的「馬偕日」。這是在2001年，馬偕博士逝世百週年時，當時的淡水鎮長郭哲道宣佈訂定每年六月二日為淡水鎮「馬偕日」，這是全臺第一個為外國人所訂定的紀念日。是為了紀念馬偕一生對臺灣所作的貢獻，特別是以淡水作為根據地，在淡水開設許多開創性的建設。但是，有趣的是，雖然是由鎮公所與鎮代會通過的「鎮民日」，但是實際主導紀念活動的，還是淡水長老教會，到了2007年才又變成淡水地區諸教會聯合舉辦，

1984，頁145~151。
[3] 請參考：http://www.tamsui.gov.tw/about_tamsui/index.php?type_id=10。

到了2010年也屆滿十年了。透過這種「宗教性歷史人物紀念日」活動的舉辦，我們可以看看公部門是如何定位這樣的節慶？公部門與教會團體如何互動？而這樣的節慶對於教會團體又具有怎樣的意義？本文期盼透過文獻資料的分析整理與關鍵人物[4]的深度訪談，能把梳出鎮公所與地方教會團體的互動模式的一些脈絡。

二、馬偕與淡水的發展

（一）馬偕來臺簡史

　　馬偕博士，加拿大安大略省（Ontario）牛津郡（Oxford）人，生於西元1844年。馬偕少時曾聽聞英國宣教師賓威廉（Rev. William C. Burns）牧師講述在廈門傳教的情形，內心深受感動。自美國普林斯頓（Prinston）神學院畢業後不久，馬偕向長老教會申請海外宣教獲准，受命和英國長老教會合作，但是在廈門、汕頭、臺灣這三個選擇中，他選擇來到臺灣，於同治十年（1871年）奉派來臺。來臺後先在臺灣南部學習閩南語，因為有著「不在基督的名被稱過的地方傳福音」的開拓精神，決定在北部宣教，隔（1872）年3月9日，在李庥牧師、德馬泰醫師的陪同下到滬尾，並以淡水為根據地，對臺灣北部開始進行佈道、醫療與教育等多項事業，於是這日成為北部設教紀念日。馬偕以自己住處允充診所，就他在多倫多及紐約所受的短期醫學訓練從事醫療傳道。包括免費提供「白藥水」[5]、拔牙[6]、

---

[4]　此次訪談的對象包涵三位曾經參與過去馬偕日活動規劃的牧師與長老，以及一位嫻熟淡水文化政策與活動的民意代表。

[5]　馬偕的「白藥水」乃醫治瘧疾的特效藥金雞納霜加檸檬汁調製而成。不少人看見裝「白藥水」的玻璃瓶子很好看，裝病向他需索，而後將藥水倒掉，收藏玻璃瓶玩賞。

[6]　據馬偕博士自己記載：「往往我們旅行到鄉間時，即先在空地或寺廟臺階上唱一、二首聖詩，然後替人拔牙，繼而開始講道。病人常站立不動，俟牙被拔出後，牙即被置於他們的掌上，如果我們保留了他們的牙齒，則將引起懷疑：我常在一小時內拔取一百顆牙齒，自一八七三年以來，我親手拔起了二萬一千顆以上的牙齒。」《臺灣遙寄》，p.244。

以及提倡公共衛生的注重[7]。光緒五年（1879年），馬偕在美國底特律馬偕船長遺孀捐助三千美金的協助下，創辦「滬尾偕醫館」，此為今日馬偕醫院之前身，亦為臺灣北部新式醫學發展的濫觴。中法戰爭時，偕醫館曾因協助救治傷兵有功，而獲劉銘傳褒揚。

馬偕熱愛臺灣，努力學臺語，來臺五個月就首次以臺語講道，是出色的演講家：第三年開始編「中西字典」[8]（6664個漢字，後來增補為9451字）。光緒四年（1878年），馬偕與五股坑女子張聰明結婚，育有一子二女。光緒八年（1882年），馬偕獲家鄉牛津郡人士贈金，在臺創立「理學堂大書院」（Oxford College），做為本地傳教師的培育學校；兩年後，又創辦「淡水女學堂」[9]，此兩者皆為北臺新式教育的開端。當時馬偕教學的內容除了神學和聖經，還包括其他一般學科，上午讀書，下午去偕醫館實習，晚上有講道練習，互相批評討論。

馬偕的早期宣教（1872-1878）是以淡水河、新店溪、和基隆河沿岸——也就是臺北盆地為主，後期（1886-1891）才往蘇澳、宜蘭擴展，向南也到苗栗、公館一帶。；在臺宣教三十年，馬偕建立教會60間，本地籍傳道師60人，本地籍牧師2人[10]，本地女宣道

---

[7] 當時臺灣虐疾猖獗，很多居民均得此病死亡。馬偕研究虐疾猖獗的原因，發現一般民眾住屋的周圍雜草叢生，竹林茂盛，水溝不通，污水宣淺，蚊蠅滋生，環境衛生極為不良。故開始倡導公共衛生，鼓勵民眾除草，通水溝，以減少傳染性蚊蟲的繁殖。

[8] 「中西字典」，是最早的臺語音漢字典，刊於1893年，共226頁。英文書名為"Chinese Romanized Dictionary of the Formosan Vernacular"。書前面寫著：「耶穌降世一千八百七十四年英屬加拿大國偕叡理作中西字典大清光緒十七年臺北耶穌聖教會寄印上海美華書館復版」。馬偕博士獲得上海美華書館（American Presbyterian Mission Press）的字表，是依部首及字劃編排者，共有6664字。他把這些字抄寫在筆記簿，逐漸完成其注音及釋義，1874年初稿成，後來慢慢增加字數。此書所收字數有9451字；每字以羅馬字註臺灣的讀音並解釋其義。詳見賴永祥撰「臺灣史話」（23）〈馬偕「中西字典」〉，《臺灣教會公報》1897期，1988年7月10日。

[9] 女學堂第一屆即招收34名學生，不但學費全免，還補助交通費、提供吃住與衣著。但當時的漢人受到傳統禮教的約束，有錢人不希望家中女子拋頭露面；窮苦人家則不知受教育這件事，結果最捧場的卻是馬偕曾去傳教的宜蘭噶瑪蘭族。馬偕著、周學普譯，《臺灣六記》，頁124-129。

[10] 為落實本土化和「自給」，他於1885年封立嚴清華和陳火（榮輝）為牧師。

婦24名，陪餐者1738人，受洗者2633人，診所60處。明治三十三年
（1900年）馬偕最後一次巡視宜蘭的教會，回到淡水後因為罹患喉
癌導至聲音沙啞，連牛津學堂開學，他都無法教課，後來喉嚨潰
爛，吞下去的食物都從喉嚨的洞流出來，他自知上帝召喚的時刻到
了，就趁家人和輪流看護的學生不注意，突然跑到學堂大聲敲鐘，
把學生召集起來，吃力的上完最後一堂課。隔（1901）年，馬偕因
喉癌去世於淡水，年五十八歲。

　　馬偕在淡水的時代，正是淡水港由極盛到沒落的年代，馬偕
早年傳教被當地人奚落及潑糞驅趕，數度在強盜和「生蕃」刀下餘
生；馬偕曾因傳教與辦學而遭清廷查禁；清法戰爭時多名宣教士被
誣陷而殉教；臺灣割讓給日本初期，臺灣和日本雙方誣指馬偕通
敵。另一方面，馬偕也當過清朝巡撫、日本總督的座上賓，也曾被
八人大轎抬著遶境，備享尊榮。雖然馬偕逝世了，但是他的影響卻
深遠至今。

（二）馬偕、教會與當時公部門的關係

　　筆者曾在〈停下來，想一想──陳水扁時代之後長老教會政教
關係意識的轉變〉[11]一文中討論到19世紀英國與加拿大差會的宣教
士來臺灣宣教時，如何影響到臺灣的政教意識。早期宣教士採取的
宣教方式有兩個重點，那就是「本土認同」以及「社會服務」。前
者應該是具有清教徒傳統中「因時因地制宜」的遺產，後者直接關
心到人民實質生活。也因此「認同本地」以及「實際生存」便成為
從宣教士精神中移植到教會意識底層，成為教會與當時公部門互動
的原則。

　　這樣的情形也可以在馬偕與當時公部門的關係中程度上得到佐
證。在馬偕《臺灣遙寄（From Far Formosa）》之記載中，我們特別

---

[11] 本文收錄於張家麟主編，《亞洲政教關係》，臺北：韋伯文化，2004，頁27~64。

可以注意他與西方領事、外國紳士、外國軍艦艦長朋友們的關係。在淡水的教堂中，從一開始，他就常邀請停泊淡水的軍艦艦長、水手、外國商人等許多人，來到教堂中做禮拜。我們可以想像，這些有宣示效果的動作，對那些圍繞在教堂四周、對洋教有反感的淡水臺人之中，所引起的印象。後來，馬偕以鄉村包圍城市的策略，先在艋舺四週的小鄉村建立許多的教堂與吸收信眾，經過五年的準備，才於1877年正式打入北臺灣「異教徒」的中心：艋舺。在《臺灣遙寄》的第17章中，他回憶「如何拿下艋舺」，除了感謝上帝的力量、還有拔牙技術外，很明顯地，清朝官府的力量、淡水英國領事的權威，都是幫助馬偕順利在艋舺宣教的重要原因。事實上，對馬偕宣教的研究者幾乎都同意：馬偕為求傳教工作的順利，從未（至少在表面上）顯示對清朝官員的敵意。另外，在1885年中法戰爭中，馬偕的教會受到臺人仇外風潮、還有法軍火砲等相當大的打擊。雖然如此，馬偕仍在偕醫館收容許多傷兵，因此在戰爭結束後，劉銘傳派淡水防衛司令孫開華，親至偕醫館致謝，並捐款給偕醫館，以後每年清政府均繼續捐助醫館事業。[12]

另外，馬偕與日本殖民政府的關係也頗能玩味。臺灣接受日治初期，由於日本尚屬叢薾小國，並不敢與世界列強的英國為敵，所以對當時在臺灣的傳教士表現出百般容忍的態度。因此在領臺初期與外籍傳教士接觸時，答應要保護基督徒。總體來說，傳教士大多支持日本這個新政權，認為這個新政權有利於基督教在臺灣的傳布。而在日治初期，傳教士跟日本政府的關係都不錯，例如宋雅各醫師的醫學知識、醫療技術為日本政府重視，偕醫館也得到日本政府的許多協助，甚至日本的殖民總督府曾頒贈勳章給馬偕博士。一般而言，日本政府對於基督教的教育、醫療機構，還是採取積極管理的措施。如1899年馬偕寫給《加拿大長老會記錄》（Presbyterian

---

[12] 臺灣基督長老教會馬偕紀念醫院，《臺灣基督長老教會馬偕紀念醫院創設105週年紀念冊》，頁68。

Record）[13]的信函中指出：「現在一切都在日本政府的管理下，在牛津學堂教授的課程、課本必須給日本政府審查。而牛津學堂、偕醫館也必須得到政府的許可，才能繼續營運，我目前正在為學校和醫院向政府申請許可證。」[14]

馬偕帶來了基督教信仰，也在程度上影響了臺灣基督徒對政治之態度，便是教會與日本政府的一種「若即若離」的關係。這種同時存在的「親近政府」與「不合作態度」便在長老教會中形成了一種張力，而後來在長老教會面對執政政權時，便同時出現了兩種態度。

三、「馬偕日」與淡水鎮公所

（一）公部門對於馬偕博士的紀念作為

1995年臺北縣長尤清在其任內，為了落實其「以文化代替政治」的口號，積極想要以各地具代表性人物代替蔣介石塑像，故推動為「鄉里人傑立像」的文化政策。淡水地區舉出了四個人物：馬偕、杜聰明、江文也以及施乾。後來淡水鎮選擇馬偕博士和施乾[15]

---

[13] 加拿大長老會記錄（Presbyterian Record，以下簡稱記錄）為月刊，是加拿大長老教會的官方刊物，創刊於1875年，內容有不少有關談及十九世紀末，二十世紀初臺灣教會發展的文章，為各地宣教士差派報導或各地傳教師的來信或分享文章。記錄的內容包含有：議長或主編的信息，短文，過世的牧者名單和簡介，書籍介紹，各地教會情況的報告，以及最後的兒童與青年人的專欄。在這些不同性質的欄位當中有關臺灣的消息大部分出現在各地教會消息中，但這並不是一定如此，它有時出現於別的欄位當中。記錄提供了日記與議錄所沒有的資料，那就是許多時候它將由臺灣寫去的書信或報告以全文照登的方式呈現，提供了許多有關北部教會早期寶貴的第一手史料，這對於研究早期教會活動的情形，當時社會狀況，甚至宣教師與本地教會之間的互動關係都可經由記錄獲知。筆者使用的Presbyterian Record為中央研究院民族所度藏的複印本，乃中央研究院民族所自長榮中學校史館複印得來，此複印本主要只複印Presbyterian Record中與臺灣相關的史料文章，收錄文章的時間斷限也比原始版本稍短，為1894年至1946年。

[14] Presbyterian Record, 1899. 12., p.372.

[15] 施乾，1899年誕生於滬尾米市街（今清水街146號），1912年自滬尾公學校畢業後，考進臺北州工業學校。1917年畢業，為日本總督府商工課延聘為技士。在職中因曾調

為鄉里代表人物加以塑像。縣文化中心托淡水名雕塑家張子隆教授
創作兩米高馬偕石雕大雕像，由淡水鎮公所提供馬偕街與三民街口
昔稱「三角公園」之土地以供立像。

　　2001年6月1日，正值馬偕逝世百週年，臺灣郵政總局於發行了
一枚面值25元的「馬偕逝世百週年紀念郵票」一百萬枚。這是該局
成立一百多年來，首次為外籍人士發行郵票。按郵政總局之介紹說
明：「2001年適逢馬偕博士逝世百週年，為緬懷其對臺灣無私的奉
獻，增進臺灣與加拿大之友誼，特印製「馬偕逝世百週年紀念郵
票」1枚。郵票圖案以馬偕博士肖像為主題，左側以其隨地施醫、
露天為民眾拔牙之情景，右側以其親自設計、監造之臺灣第1所西
式學府「牛津學堂」為配襯。」[16]可惜郵票上沒有印上馬偕的英文
名字"George Leslie MacKay"或其綽號"The Black-Bearded Barbarian"。

　　查艋舺的貧民生活狀態，看見困苦無依的乞丐同胞的生活，油然生起惻隱之心，便自
掏腰包醫治患病的乞丐並教導其兒女讀書。為了幫助更多的乞丐，於是轉託伯父施煥
說服父親支助金錢，並向施叔施坤山施合發木材行募得木材，於1922年在今大理街蓋
了一座房舍，作為乞丐救濟收容所，題名曰「愛愛寮」。施乾此時已辭去總督府的職
務，全力照顧愛愛寮的乞丐及無家可歸者，並親自為他們清潔身體、上藥、教導手工
編織，又在後院空地養豬、種菜，培養他們自給自足的能力。經費來源，只靠有限的
募捐所得。最困難的時候，施乾甚至變賣全部家產予以維持。施乾之義行，曾得日本
文豪菊池寬撰文報導而廣為日人所知，並獲日皇頒賜賞金。施乾石像亦是由張子隆塑
製，立於淡水國小操場出口。

16　見網站：http://www.post.gov.tw/post/internet/w_stamphouse/stamphouse_index_ch.htm

　　2002年，文建會委託臺灣作曲家金希文及編劇邱瑗創作以臺灣在地故事為背景的歌劇，耗時五年籌畫以馬偕博士的生平事跡的歌劇成型，兩廳院在董事長陳郁秀女士策劃下，於2008年推出跨國製作，長達三小時，以臺／英語演唱的三幕歌劇《福爾摩沙信簡——黑鬚馬偕》（Mackay—The Black Bearded Bible Man）[17]。

　　1872年3月9日下午3時，馬偕博士搭「海龍號」客輪抵淡水，一位陳姓船夫以舢舨接他登陸。馬偕博士的上岸處即是在今日淡水郵局後方的碼頭水岸邊。2007年12月27日，在馬偕博士當年登陸地點，淡水鎮公所樹立了馬偕博士藝術銅像。該銅像為臺北縣政府補助淡水鎮公所辦理的「藝術街坊發展方案第二期工程」的項目之一，是由臺北藝術大學美術系教授王志文參考幾位教會牧長和鎮長的意見所作。

　　作品呈現馬偕博士面向淡水在一艘小舟前感恩禱告，舟上放著一本聖經與一袋醫藥箱，代表著福音與醫療，這是馬偕人生下半場的理想與實踐。銅像一路連接「觀潮藝術廣場」、藝術街298、馬

---

[17] 本劇總共分為三幕，第一幕有三景，分別為「天─天父的旨意」、「地─美麗之島福爾摩莎」、「落腳淡水，與牧童學臺語」；第二幕名為「突破與融入」，分有「衝突」與「牛津學堂」兩景；第三幕亦分有「避走海外，戰地鐘聲」與「告別馬偕，天國鐘聲」兩景。

偕醫館到馬偕銅像三角公園，成為淡水的藝術展示中心。鎮長蔡葉偉表示：藉由對淡水這片土地有所貢獻並建立深厚情感的馬偕博士的溯源，鋪陳出淡水在地居民與遊客透過融入新創意、建構新淡水以延續淡水在地歷史傳承的精神。[18]

（二）「馬偕日」的由來與發展

2001年是馬偕博士逝世百週年，為了紀念1872年這位加拿大宣教士一生對臺灣所作的貢獻，特別是他以淡水為根據地，在淡水開設許多開創性的建設，當時的鎮長郭哲道在陳俊宏先生的牽線下，便讓淡水鎮與馬偕博士的故鄉加拿大安大略省牛津郡結為姊妹市，[19]更宣佈訂定每年六月二日為淡水鎮「馬偕日」，藉以紀念馬偕一生無私的付出與奉獻。此為全國首次由鄉鎮訂定之紀念日，並年年為此舉行紀念活動。

但是若要真正提到與馬偕相關的慶祝活動，就必須追溯到1992年。當年淡水長老教會為了慶祝馬偕來臺宣教並淡水教會設教120週年，故結合了「北三區教會」[20]中的關渡教會與淡水國語禮拜堂第一次進行遊行。1994年臺北縣政府「懷想老淡水」展覽，淡水推出了馬偕、杜聰明、江文也與施乾等代表性人物介紹展覽，並於隔（1995）年為其塑像。其中杜聰明與江文也之塑像由三芝鄉公所保

---

[18] 見淡水鎮刊《金色淡水》，111期，2008年1月。

[19] 約在2000年，僑居加拿大的陳俊宏先生，是對臺灣史也對馬偕史料有高度興趣的民間學者，在與當地郡民接觸的同時，也將臺灣和馬偕宣教事業的現況告知幾近忘了馬偕存在過的今日牛津郡民。引起牛津郡（Oxford County）郡治首長的興趣。因此，在陳俊宏兩地奔走下，當時的淡水鎮長郭哲道先生，透過代表會的同意，決定與牛津郡締結姊妹市。於是鎮長、李文德縣議員（他也是校友）和淡江校長、老師、拔河隊員組成了一支27人的締盟團隊，到加拿大進行締結姊妹市活動。6月30日早上在牛津郡郡政廳前完成締約儀式時。牛津郡還在郡政廳前當場種了一株銀杏，作為兩地結盟的見證。翌（2001）年三月，已經是淡水姊妹市的牛津郡為了兩地禮尚往來，由Woodstock市長John Geoghegan率領Embro的英格索風笛隊、佐拉高中女子拔河隊一行29名應邀抵淡水。

[20] 臺灣基督長老教會臺北中會北三區有6間教會：淡水教會、淡海教會、三芝教會、竹圍教會、關渡教會與淡水國語禮拜堂。

存，而馬偕與施乾塑像則分別置於老街街口三角公園以及淡水國小門口。

　　茲簡單整理各年馬偕日活動內容[21]：

馬偕日年代	活動時間	活動內容	公部門配合或主導
2001馬偕日	3/6	象徵薪火相傳的聖火在真理大學內的牛津學堂點燃，以五天的時間傳遞過馬偕生前宣教的北臺灣七縣市。	長老教會北部大會主辦，臺北縣政府、淡水鎮支持參與
	3/9	牛津郡Woodstock市長John Geoghegan率領Embro的英格索風笛隊、佐拉高中女子拔河隊一行29名應邀抵淡水，參加淡江中學校慶以及馬偕盃拔河賽。3月9日在風笛隊的開路下在中正路遊行街民放炮夾道歡迎。	淡水鎮公所主導，淡江中學、淡水地區教會出席配合
	6/2	1. 在馬偕大雕像前舉行追思禮拜，會中郭哲道鎮長頒給偕約翰博士（馬偕博士之孫）為淡水鎮永久榮譽鎮民，並當場宣佈每年6月2日為淡水馬偕日。 2. 老街踩街遊行。	
2002馬偕日	3月	偕瑪烈和偕約翰的女兒萊絲禮和其夫婿（Mr. & Mrs. David Jenkins）來臺，為偕叡廉紀念公園（鄉土文化教學園區）和淡江中學校史館剪綵開幕，也參加了北部長老教會和淡水教會設教一三〇週年系列的活動。	淡江中學主導，淡水鎮公所配合參與
	6/2	1. 臺灣基督長老北三區教會聯合禮拜於淡江中學禮拜堂。 2. 禮拜完至馬偕墓園獻花活動、淡水街道插旗活動。	淡水教會主導，淡江中學、長老教會北三區會、淡水鎮公所配合參與
2003馬偕日	6/2	1. 因SARS暫停慶祝活動 2. 三角公園馬偕銅像獻花活動、淡水街道插旗活動	淡水教會主導，淡水鎮公所配合參與
2004馬偕日	3月	牛津學堂正式設立「淡水中學校」的九〇週年，淡江中學舉行盛大校慶活動，邀請萊絲禮夫婦來臺，這次活動英格索風笛隊也有來參加	淡江中學主導，淡水鎮公所配合參與

---

[21] 2001~2006馬偕日資料為訪談並鎮公所資料室；2007~2010資料則由淡水教會蔡維倫牧師題供。

馬偕日年代	活動時間	活動內容	公部門配合或主導
	5/30	1. 因SARS暫停慶祝活動 2. 三角公園馬偕銅像獻花活動、淡水街道插旗活動	淡水教會主導，淡水鎮公所配合參與
	9月~10月	淡水教會2004馬偕社區音樂比賽	淡水長老教會主辦，淡水鎮公所補助
2005馬偕日	5/29	1. 臺灣基督長老教會聯合禮拜於淡江中學禮拜堂 2. 三角公園馬偕銅像獻花活動、淡水街道插旗活動	淡水教會主導，淡江中學、長老教會北三區會、淡水鎮公所配合參與
2006馬偕日	6/3 下午3:00	淡水河邊金色水岸舞臺舉辦「馬偕音樂節：看馬偕徒子徒孫的演出」，由淡江中學音樂班	淡江中學主導，淡水鎮公所協調補助
	6/3~4	1. 臺灣基督長老教會聯合禮拜於真理大學大禮拜堂，會後由鎮長及牧長們至淡江中學校園內的馬偕墓園獻花致敬。 2. 淡水馬偕街百年老照片展／重現馬偕街百年風貌（馬偕街全線現場今古對和說明）。 3. 淡水禮拜堂前空地，連易宗「淡水懷舊」影像展：民國五○年的淡水。 4. 吳金華、黃于芬滬尾偕醫館義診：看牙不用拔牙（下午1:00至4:30）。 5. 馬偕街街民獻寶盒：看馬偕的鄰居數家珍 開放參觀單位：滬尾偕醫館、淡水禮拜堂、馬偕街五號淡水街長多田榮吉故居、淡水海關小白宮（門票40元）牛津學堂、淡江中學。	淡水教會主導、長老教會北三區會、淡江中學，淡水鎮公所協調淡水古蹟園區配合執行
2007馬偕日	5/26 （六） 下午5:00 ~8:30	馬偕現代音樂會（淡水鎮公所河邊金色水岸舞臺），由北區各大專長青團契樂團、詩班演唱，以及淡水各教會團體舉行聯合音樂會演出。	1. 淡水教會與地區教會聯禱會主導，鎮公所配合參與並補助 2. 踩街遊行臺北縣騎警隊參與遊行 3. 淡水古蹟博物館配合馬偕日活動，一日免費讓淡水鎮民入園區內參觀
	6/2 （六）	1. 到馬偕街尋訪馬偕的足跡之展覽和導覽。 2. 下午4:00馬偕石像前獻花活動。	
	6/3 （日）	1. 上午10:00淡水鎮內各教會在真理大學大禮堂舉行聯合慶祝禮拜活動，會後由鎮長及牧長們至淡江中學校園內的馬偕墓園獻花致敬。 2. 淡江中學大禮拜堂舉行「淡水馬偕日兒童聯合禮拜」。 3. 下午1:30老街踩街遊行。	

馬偕日年代	活動時間	活動內容	公部門配合或主導
2008馬偕日	6/1 （日）	1. 上午10:00由淡水鎮內各教會為主體舉行聯合慶祝禮拜，在真理大學禮拜堂舉行聯合慶祝禮拜。 2. 下午1:00-4:00馬偕日傳愛嘉年華會，在淡江中學純德小學前後廣場設置會場，提供遊戲攤、服務攤（馬偕醫院健康諮詢），及飲食攤、禮物閣等。配合淡水古蹟日的免費參觀。 3. 下午2:00，邀請鎮長、古蹟園區館長及牧長們和民眾，前往淡江中學內的馬偕墓園獻花致敬。	淡水地區教會聯合策劃主導，鎮公所配合參與並補助
2009馬偕日	5/31 （日）	1. 上午10:00由淡水鎮內各教會為主體舉行聯合慶祝禮拜，在真理大學禮拜堂舉行聯合慶祝禮拜。 2. 中午12:30邀請鎮長及牧長們和民眾，前往淡江中學內的馬偕墓園獻花致敬。 3. 下午1:30-4:30馬偕日傳愛嘉年華會，在真理大學體育館一樓廣場設置會場，提供遊戲攤、服務攤及飲食攤三種；現場並搭設表演舞臺，邀請非洲鼓、管弦樂團、教會詩班、戲劇演出、帶動唱、各項樂器獨奏等各項表演。 4. 下午1:30-4:30馬偕日三項球類邀請賽活動，於真理大學體育館舉辦桌球、三對三籃球、雙打網球活動，以淡水鎮上各教會成員為基本對象，邀約社區民眾配合組隊參與。	淡水地區教會聯合策劃主導，鎮公所配合參與並補助
2010馬偕日	5/30 （日）	1. 上午9:30由淡水鎮內各教會為主體，在真理大學禮拜堂舉行聯合慶祝禮拜，結束後邀請鎮長及牧長們和民眾，前往淡江中學內的馬偕墓園獻花致敬。 2. 下午1:00-4:30於真理大學舉辦馬偕日園遊會暨趣味競賽。 3. 下午1:00-4:30馬偕日三項球類邀請賽活動，於真理大學體育館舉辦桌球、三對三籃球、雙打網球活動。	淡水地區教會聯合策劃主導，鎮公所配合參與並補助
	6/4 （五）	第二屆北臺文史與資產保存學術研討會—2010馬偕研究學術研討會	

馬偕日年代	活動時間	活動內容	公部門配合或主導
	6/6 （日）	1. 下午4:30-9:00在老街藝術穿廊搭設舞臺，由輔大音樂系老師、教會聖歌隊、並邀約社區中合唱團、小學合唱團等，一起舉辦馬偕社區音樂會。 2. 晚上7:30-9:00在淡水教會禮拜堂，旅美聲樂家演唱。	
	6/9~10 （三～四）	真理大學「交融與跨越：馬偕學在西方與臺灣」國際學術研討會	

（表格資料：筆者自行整理繪製）

　　馬偕日從2001年至2010年，至今已經十年。除了2003年與2004年因為SARS的原因停辦兩次之外，慶祝活動不曾間斷。在2006年之前，主要是由淡水長老教會主導或協調，鎮公所則補助並參與。只是各項活動規模都比較小，除非結合該教會本身慶典（如設立130週年）或是淡江中學的各項慶典（如偕叡廉紀念公園和淡江中學校史館剪綵開幕、或是校慶等），才有可能擴大舉辦，只是時間便不一定是以6/2馬偕日當天舉行了。2006年剛好淡水古蹟博物館開幕，新鎮長也有心表現，所以便以淡水教會為主體，配合古蹟園區舉辦系列活動。到了2007年之後，因為淡水地區教會擴大慶祝「馬偕來臺宣教135週年」，便參考2006年活動內容，開始聯合舉辦系列活動，由於效果相當好，而鎮公所亦每年提撥約30萬元經費補助，故變成每年舉辦的活動。但是到了2009年，鎮公所與淡江中學因為「工程稅」的爭議[22]，導致淡江中學退出了活動；而淡水諸教會之間也因理念與作法產生了一些緊張性，故2010年之後的「馬偕日」是否還有大型活動，或是可能會有轉型，隱藏有相當之變數。

---

[22]　淡江中學於2009年遭淡水鎮公所要求繳交「建築工地稅」，對新落成的藝能大樓課徵1,087,074元臨時稅，學校拒繳，去年11月底遭鎮公所強制執行，由法院直接從學校助學貸款帳戶中扣除1百多萬元。此造成鎮公所與淡江中學的緊張關係。詳見「淡水鎮強徵淡江中學百萬稅款」：http://enews.tp.edu.tw/paper_show.aspx?EDM=EPS20090227124753GWY

（三）歷屆「馬偕日活動」現象之整理

從各屆「馬偕日」的舉辦中，我們可以看到幾個相當值得玩味的現象。

1、2006年之前的馬偕日活動，缺乏凸顯淡水與馬偕關係的特殊性

2006年之前的馬偕日活動，除了2001年之外，其它幾乎都沒有妥善規劃，缺乏凸顯淡水與馬偕關係的特殊性活動。2001年因為是首次辦理馬偕日，所以內容豐富，從三月份開始便有聖火傳遞、姊妹市來訪、拔河比賽、風笛隊繞街等；六月3日更正式宣布馬偕日的設立。但是到了2002年之後，就不再有大型特殊的紀念活動。頂多是在街上懸掛旗幟，到馬偕銅像或墓園獻花致敬。反而是教會團體——尤其是淡水長老教會以及淡江中學因著歷史淵源以及本身的慶典，會有相關的紀念活動。淡水鎮前鎮長郭哲道（他也是在淡水教會聚會的基督徒）雖有心凸顯馬偕與淡水的歷史淵源，但是畢竟缺乏深黯馬偕精神的規劃設計者，因此還是得由教會團體來主導馬偕日活動；而最主要的規劃單位——淡水長老教會則因2003~2005沒有主任牧師駐堂牧養，因此也無法有整合性的活動規劃，故活動無可避免地流於形式。

2、2006年是辦理馬偕日活動模式區隔的分界年

如同筆者之前所說，2006年之前的馬偕日活動，幾乎都是小型的活動；但是2007年之後，就由淡水地區教會聯禱會承接辦理。鎮公所的角色一直以來都是指導、補助活動經費，並參與需要活動之角色。因為原來只有淡水教會主導，在人力物力偕有線的情形下，無法有大型活動之舉辦。2006年剛好是郭哲道鎮長卸任，由現任鎮長蔡葉偉接任。剛接任的蔡鎮長由於本身也是基督徒，也是在淡水

長老教會聚會（雖然不是那麼常出現），因此也有意繼續透過馬偕日活動來延續淡水人對馬偕博士的特殊記憶，所以在2006年剛上任時配合「淡水古蹟博物館」的成立，協助淡水教會擴大舉辦馬偕日活動。2007年淡水地區教會擴大慶祝「馬偕來臺宣教135週年」，便參考2006年活動內容，開始聯合舉辦系列活動，變成了真正每年都舉辦的大型活動。而因為規模與活動內容大幅增加，加上政府文創政策的加持，因此鎮公所也大幅增加經費之補助。

3、「馬偕日」活動成為團結淡水基督教各教會的重要因素

如前所說，2007年之後，馬偕日活動的辦理模式從單一教會單獨辦理變成地區教會聯合規劃辦理。其活動宗旨便寫明：

> 「自2007年適逢馬偕博士登陸淡水135週年開始，由長老教會發起，嘗試連結淡水區各基督教會和學校，除呈現馬偕博士在淡水地方所作的種種貢獻，並呈現現今淡水地區眾多基督教會的多樣性發展，讓地方民眾更多認識到社區文化的內涵。」[23]

提到淡水地區各教會的聯合，就不能不提到「淡水聯禱會」。淡水聯禱會是淡水地區各教會牧者自發性組成的跨教派聯合組織。成立約在2000年左右，只要是淡水地區的基督教會都可以參加，以牧長為代表。原來淡水長老教會張思聰牧師是發起人之一，但是2003年張牧師離開之後，淡水教會與聯禱會的聯繫便幾乎中斷。一直到2006年底，淡水教會蔡維倫傳道才又再加入。因此，2007年當淡水教會要再辦理馬偕日活動時，便在聯禱會提出聯合辦理的想法，獲得成員的支持，因而催生了2007馬偕日大型聯合活動。只不

---

[23] 詳見《2010年淡水鎮慶祝馬偕來臺138週年馬偕日慶祝活動企劃書草案》前言。

過負責規劃的還是當時蔡維倫傳道（現在是蔡維倫牧師）。後來每年的「聖誕節」與「馬偕日」活動就變成淡水地區各教會重要的合辦活動。

不過有趣的是，馬偕日是淡水各教派教會團結的契機；但是也是因為馬偕日，也讓淡水地區各教會的內、外問題浮現出來，而造成新的問題，但是這以不是本文討論範圍。下表是2007~2010年共同參與辦理「馬偕日」活動之教會團體。

2007~2010年共同參與辦理「馬偕日」活動之教會團體[24]
2007	臺灣基督長老教會臺北中會北三區、淡水聯禱會、三芝長老教會、淡水國語禮拜堂、竹圍長老教會、關渡長老教會、淡農長老教會、雅歌長老教會、淡水靈糧堂、淡水基督教會、淡水讚美基督教會、淡水倍加教會、淡海長老教會、關渡長老教會、迦南教會、淡江中學、馬偕醫護管理專科學校、真理大學
2008	臺灣基督長老教會臺北中會北三區、淡水聯禱會、北新基督教會、竹圍長老教會、竹圍信友堂、青年使命團、活泉教會、毗努以勒教會、紅樹林教會、淡水布農長老教會、淡水迦南教會、淡水基督教會、淡水國語禮拜堂、淡水聖教會、淡水讚美基督教會、淡水靈糧堂、淡江教會、淡海長老教會、雅歌長老教會、福樂倍加教會、聖公會降臨堂、磐石家庭、淡江中學、馬偕醫院、真理大學、臺北縣立淡水古蹟博物館、淡水社區大學、淡水文化基金會
2009	臺灣基督長老教會臺北中會北三區、竹圍長老教會、淡水國語禮拜堂、淡海長老教會、三芝長老教會、關渡長老教會
2010	臺灣基督長老教會臺北中會北三區、竹圍長老教會、淡水國語禮拜堂、淡海長老教會、三芝長老教會、關渡長老教會、真理大學、馬偕醫院、淡水聯禱會

（表格資料：筆者自行整理繪製）

值得一提的，是2008年參與的教會數最多，而2009年銳減。根據蔡維倫牧師表示：原來2007年的活動是將「馬偕日」與「傳愛嘉年華」分開，而2008年時，聯禱會認為可以將兩者合併，故2008年參加的教會數目非常之多；但是卻也因為所耗的人力與時間太多，許多小教會難以負荷，因此造成2009年參與的教會數目減少許多。

---

[24] 本表格參考2007~2009的「馬偕日成果報告書」，以及《2010年淡水鎮慶祝馬偕來臺138週年馬偕日慶祝活動企劃書草案》。

四、從「馬偕日」來看鎮公所與地方基督教會之互動

就本質上來看，「馬偕日」是歷史記憶與文化產業結合的產物。淡水鎮得天獨厚，能透過馬偕及其影響發展出特殊的現代化歷史進程，也透過這位異國的淡水人，將淡水與國際接軌，甚至可以締結姊妹市。雖然，「馬偕日」的出現是公部門的決定（鎮長加上鎮代會通過），但是就馬偕日活動的辦理，卻不是由公部門作主禱，而是民間教會團體所推動。我們可以從「馬偕日」來思考鎮公所與教會團體的一些互動狀況。

（一）活動觀點的差異：馬偕消費v.s.馬偕精神的發揮

在2002年之後，臺灣提出「文化創意產業」的產業政策，並將之列為「2008：國家重點發展計畫」中的一項，視為是國家建設的重大工程。這種文化政策中經濟論述的不斷增強，並與經濟產業政策密切整合的情形，在2006年周錫瑋擔任縣長後更是清楚。[25]因此，在公部門的觀念，馬偕或許代表了淡水發展的重要面向與記憶片段；但是，他更是一個「文化消費品牌」，是淡水鎮自我行銷的重要媒介。我們可以看到在淡水鎮公所的網頁中，有關馬偕的景點介紹是最多的，而馬偕的故事是最完整被傳頌的──當然，有可能是因為其他古蹟廟宇的文史重建工作遲滯不前，但是，公部門以「文化消費」的觀點來看待「馬偕日」，卻是不爭的事實。

相對於公部門，教會團體則是以發揚「馬偕精神」[26]作為辦理馬偕日活動的基點。事實上，這也只有教會團體才能較深刻地認

---

[25] 在2004年四月舉辦的「2006臺北縣經濟發展會議」中，認為是將產業、活動及觀光結合，透過公私部門有效的資源整合與行銷，塑造一個企業化經營模式，不僅帶動觀光人潮，更希望為周邊產業把注商機，創造更高的附加價值。見「2006臺北縣經濟發展會議大會手冊」，頁12。

[26] 也就是「寧願燒盡、不願鏽壞」的精神。

識。因為除非有相當程度的馬偕意識，否則很難在相關慶祝或紀念活動中真正帶出馬偕精神。不過，就2007年~2010年相關活動來看，如「馬偕日傳愛嘉年華會」、「馬偕足跡尋訪」等活動多少帶出一些馬偕精神之外，餘如「球類競賽」、「音樂會」以及「獻花活動」似乎也沒能帶出什麼「馬偕精神」。反而像是2006年的「滬尾偕醫館牙科義診」，讓淡水鎮民體會早期馬偕幫人拔牙齒的精神，還比較具有意義。

2010年，真理大學開放「教士會館」[27]，以餐廳模式對外營業，讓有意對馬偕懷舊訪者多了一個選擇。可惜裡面的餐點與服務內涵還是與馬偕有所不同，若能夠在「馬偕日」推出「馬偕行動劇」、「馬偕餐」、「馬偕下午茶」等等，相信對於馬偕記憶的深化必定有所助益。

（二）宗教族群的考量

淡水是臺灣早期便發展的港市，早在嘉慶年間，淡水不僅成了附近聚落的日常生活消費和物產集散地，也成了地區文化和祭祀的中心，主要廟宇也都先後建立。因此，在馬偕來之前，淡水民間信仰的發展便相當鼎盛。「清水祖師廟」、「關渡宮」、「福佑宮」、「鄞山寺」等都是非常著名的廟宇，當然也有相當熱鬧的廟會與繞境活動。特別是在農曆5月6日的「清水祖師」繞境和大拜拜的慶典節期，正好與「馬偕日」活動有部分重疊。而畢竟在淡水，非基督徒的人數遠比基督徒多得多；因此，就算郭哲道鎮長公開深明定初「馬偕日」為「鎮民日」，蔡葉偉鎮長增加了「馬偕日」的補助金額，但是畢竟作為鎮長，仍須顧慮到大多數淡水人的信仰傳統，必須將馬偕的宗教氣味降低，將之轉化為「文化財」的範疇。

---

[27] 「教士會館」位於真理街一號，隔壁便是馬偕的故居。教士會館為吳威廉設計，乃未來道臺灣的外籍宣教士所建，其格局與馬偕故居相同，是，西班牙式白堊弧廊建築，不僅適合熱帶氣候，優美的造形，配合青翠的埔頂，可展望淡水河和觀音山。

我們必須理解，在臺灣的宗教團體比起其他人民團體多了相當程度的自主性。在「政教分離」的傳統下，有些宗教團體也許會申請公部門的某些補助，但是絕不容忍政府過度干涉宗教信仰的自由。因此鎮公所在宗教文化活動的看待方式，是將其劃為一區塊，補助其相關活動，只做形式上的輔導（如環保、核銷等），鎮公所自己將更多經費資源投注於自己可以掌握的領域——如藝術踩街活動、淡水藝術街坊工程等等。在公部門的認知中，「馬偕日」幾乎已被劃歸為淡水「五月文化季」的一部分，其原來特出的地位已經逐漸消淡了。

也因此，教會團體對於鎮公所的意義，便會回歸到一般人民團體的地位，成為爭取活動補助的諸單位之一；其後果，便是純以「企劃書」撰寫的優劣來作為評斷活動舉辦者的篩選標準。這可能會產生兩個令人擔憂的結果：第一，某些很會撰寫企劃書的宗教團體，不必然真的適合舉辦該項活動；第二，若原來的宗教團體自覺性不夠高，很可能在企劃書中忽略了該活動的真正精神，整個層級就被拉下來了。

（三）文化政策的演變：從文化產業到文化創意產業

從1995年以來，臺灣的文化政策之演變呈現出相當大的轉向。從1995年到2002年的這段期間，文化政策中的「文化產業」概念是與「社區總體營造」的概念一起被理解的。只要是在地歷史文化的發揮與活化所成的產業，都可以計算在「文化產業」的範疇中。[28]然而到了2002年之後，臺灣正式提出「文化創意產業」的產業政策。「文化創意產業」政策相關的概念除了「文化產業」外，更接

---

[28] 在這個階段的文化政策論述中，可以明顯感受到「文化產業」是與「文化工業」相對立的、結合社區與區域經濟發展的計畫、最終將文化與藝術活動本身及其產品作為地方產業來發展。見王俐容，〈文化政策中的經濟論述：從精英文化到大眾經濟〉，文化研究學會年會「靠文化By Culture」，2003，頁7。

近2000年政府大力提倡的「知識經濟」的概念，認為文化創意產業正是「知識經濟產生附加價值最高類型」。簡單來說，「文化創意產業」的概念是必須以「知識經濟」的概念一起被認知。

我們將兩個概念做意義上的簡單比較：「文化產業」傾向以傳統、鄉土、人類學式的生活內涵來思考文化的定位，具有高度地方關懷與社區認同的情調，並不完全從經濟價值來思考；而「文化創意產業」則模糊文化的邊界，將具有生產文化符號意義的產品（例如視覺藝術、音樂與表演藝術、工藝、設計產業、出版、電視與廣播、電影、廣告、文化展演設施、休閒軟體等）都視為文化的展現。在這樣的情形下，我們可以看到，文化政策使用的語彙從「文化補助」轉為「文化投資」；文化政策的目的也開始強調「文化產業產值的提升與就業人口的增加」等等。

如筆者之前所言，臺北縣的文化政策，從2006年以來，都是朝向與經濟產業政策有密切整合的可能性在發展；文化政策所強調的價值從美學、社會轉向經濟價值；文化政策中經濟論述的不斷增強。因此，若要配合文化政策的走向，鎮公所有可能會從產業、效益、資源整合與行銷、觀光人潮、周邊產業的商機與附加價值等角度來思考未來「馬偕日」活動之辦理。事實上，在今（2010）年的「馬偕日」籌備會議中，鎮公所的代表便曾以如此的角度質疑某些活動辦理的可行性。對這樣的情形，我暫不做評論；但是，我舉出一個可能性：無論是郭哲道鎮長或是蔡葉偉鎮長，都至少是基督徒──長老教會信徒，起碼會知道馬偕與長老教會的淵源與聯結的必要性；若有一天，換成一個對馬偕淵源完全陌生的人當鎮長，會不會在純以經濟效益與價值的考量下，逐步地遺失了馬偕活動中所不可替代的部分？

五、結論

　　任何文化活動的舉辦，不可能一成不變，否則很快便會被摒棄。宜蘭的「童玩節」、「綠色博覽會」、彰化的「花博會」就是鮮明的例子——內容必須要更新才能持續長久，「馬偕日」紀念活動也一樣。「馬偕日」作為一個淡水歷史紀念人物的象徵，它不能只有宣教性，也不能只具有觀光娛樂性；更重要的，它必須具有教育性，必須想盡辦法，在各種不同的活動——或者歷史行動劇、或者體驗活動——中不斷灌注馬偕熱愛臺灣人民、犧牲奉獻的精神。讓所有信徒與非信徒，都能透過對馬偕的記憶體驗到上帝的愛。教會界要自覺地持續爭取「馬偕日」活動的舉辦，在不變的主軸下容納各種可能的元素。也許不必然每年舉辦大型的馬偕日活動，但是就算是小小的馬偕日活動，都能讓人感受到創意與驚喜。

　　「馬偕日」活動該怎麼舉辦？從過去的經驗來看，「領導者」具有相當關鍵的地位——特別是教會領袖。今年淡水長老教會即將有新的主任牧師——呂秉衡牧師——上任。呂牧師是一位藝術家，他將如何理解並規劃「馬偕日」相關活動，是相當令人期待的。

六、參考資料

（一）專書

林昌華編著（2006），《來自遙遠的福爾摩沙》，臺北：日創社。
周淑惠（2002），《臺灣永遠的好朋友》，臺北：聯經。
馬偕著，林晚生譯（2007），《福爾摩沙紀事：馬偕臺灣回憶錄》，臺北：前衛。
馬偕著，林耀南譯（1988），《臺灣遙寄》，臺中：臺灣省文獻會。
馬偕紀念醫院（1985），《臺灣基督長老教會馬偕紀念醫院創設105

週年紀念冊》，臺北：馬偕紀念醫院馬偕院訊雜誌。

郭和烈（1971），《偕叡理牧師傳》，嘉義：臺灣宣道社。

郭廷以（1984），《臺灣史事概說》，臺北：正中。

陳宏文（1996），《馬偕博士日記》，臺南：人光。

　　　（1997），《馬偕博士在臺灣》，臺北：中國主日學協會。

陳俊宏（2000），《重新發現馬偕傳》，臺北：前衛。

黃武東、徐謙信合編（1995），《臺灣基督長老教會歷史年譜》，
　　　臺南：人光。

張家麟主編（20040，《亞洲政教關係》，臺北：韋伯文化。

張建隆（1996），《尋找老淡水》，臺北：北縣文化。

張瓊慧主編（20010，《愛在臺灣：馬偕博士影像紀念輯》，臺北：
　　　國立臺灣博物館。

賴永祥（1990），《教會史話（1）》，臺南：人光。

（1995），《教會史話（3）》，臺南：人光。

鄭仰恩編（2001），《宣傳心，臺灣情——馬偕小傳》，臺南：
　　　人光。

（2005），《定根本土的臺灣基督教》，臺南：人光。

臺灣基督長老教會歷史委員會編（1995），《臺灣基督長老教會百
　　　年史》，臺南：臺灣基督長老教會。

（二）期刊與會議論文

于國華（2003.5），〈文化‧創意‧產業：十年來臺灣文化政策中
　　　的「產業」發展〉，《今藝術》，頁46~48。

王一剛（1976.030，〈馬偕的設教和貢獻〉，《臺灣風物》，26：
　　　1，頁20~24。

王俐容（2003），〈文化政策中的經濟論述：從精英文化到大眾經
　　　濟〉，文化研究學會年會「靠文化By Culture」。

周宗賢（2005.06），〈淡水學研究——馬偕‧禮拜堂‧偕醫館〉，

《淡江史學》，第16期，頁169~197。

林昌華（2005.09），〈「焚而不燬」——清法戰爭時期的馬偕牧師與「耶穌聖教」〉，《臺灣風物》，55：3，頁43~79。

林鴻信（2001），〈從「臺灣遙寄」看馬偕〉，《臺灣神學論刊》，第23期，頁31~46。

查時傑（1994），〈馬偕牧師與淡水牛津學堂〉，《基督教與中國現代化國際學術研討會論文集》，臺北：宇宙光出版社。

張春生（1971.06），〈馬偕博士與臺灣北部〉，《臺北文獻》，第17、18期，頁182~187。

陳壬葵（1982.06），〈馬偕博士與臺灣〉，《臺灣文獻》，33：2，頁111~119。

陳志榮（1999.1），〈基督宗教中宗教與醫療的關係初探——以馬偕醫療傳教為例〉，《「養生、醫療與宗教」研討會》，中央研究院歷史語言研究所。

陳俊宏（1998.06），〈馬偕北臺宣教源流軼事考〉，《臺北文獻直字》，第124期，頁207~229。

陳俊宏（2003.10），〈馬偕研究偶得一籮筐〉，《臺灣文學評論》，3：4，頁196~205。

陳梅卿（2001.05），〈馬偕牧師及其家族在臺的生涯〉，《歷史月刊》，第160期，頁89~99。

彭煥勝（2003.12），〈馬偕在淡水的教育事業，1872-1901〉，《彰化師大教育學報》，第5期，頁1~32。

詹素娟（1991.12），〈臺灣女婿、上帝臣僕——馬偕在北臺灣的教育事業〉，《人本教育札記》，第30期，頁16~22。

蘇文魁（1993.09），〈馬偕醫院——臺灣醫學史上的里程碑〉，《臺北縣立文化中心季刊》，第38期，頁44~50。

（三）未出版資料、報紙與雜誌等

淡水教會，《2007年淡水鎮慶祝馬偕來臺135週年馬偕日慶祝活動執行成果報告書》

淡水教會，《2008年淡水鎮馬偕日慶祝活動執行成果報告書》

淡水教會，《009年淡水鎮慶祝馬偕來臺137週年馬偕日慶祝活動執行成果報告書》

淡水教會，《2010年淡水鎮慶祝馬偕來臺138週年馬偕日慶祝活動企劃書草案》

臺北縣政府，《「2006臺北縣經濟發展會議」會議手冊》

Presbyterian Record（1871-1965）

《臺灣教會公報》，1724期，1897期，2365期，2419期，2425期，2490期。

〈馬偕蒞臺130年淡水感恩思源〉，《中國時報》20版，2002.03.10。

（四）網路資料

淡江中學網站：http://www.tksh.tpc.edu.tw

淡水長老教會網站：http://www.mackay.com.tw

真理大學校史館網站：http://www.au.edu.tw/ox_view/hist/ox_hist.html

郵政總局網站：http://www.post.gov.tw/post/internet/w_stamphouse/stamphouse_index_ch.htm

「歷史的淡水」：http://www.tamsui.gov.tw/about_tamsui/index.php?type_id=10

《金色淡水》111期：http://www.tamsui.gov.tw/gloden_tamsui/index.php?id=15

「遺忘又重提的日子」：http://tw.myblog.yahoo.com/bunkhoe/article?mid=26 &l=f&fid=25。

2006『淡水馬偕日紀念活動』：http://blog.yam.com/cabtc_volunteer/

article/6071991

細數「馬偕日」由來：http://tw.myblog.yahoo.com/maranatha-1/
article?mid= 3058&prev=3296&next=-2&page=1&sc=1

從「組織變革」概念
反省臺灣基督長老教會之宣教策略
——以長老教會「一領一‧新倍加」運動為例[1]

一、前言

　　任何宗教組織之形成必然都含有「神聖面」與「世俗面」兩個向度。前者指的是宗教教義以及其詮釋的層面，而後者則指社會文化與組織系統的影響。從歷史的演變來看，宗教組織的活化與彈性的程度，往往是該宗教是否得以成長的重要因素。又，欲使宗教組織成長的積極作為就是「宣教」，正確的宣教策略可以使該宗教組織在一定時間內大幅成長。基督教是個極為重視「宣教」的宗教，特別在臺灣，許多基督教派都曾提出過各種「宣教策略」，也有過不同成效。

　　就基督的認知，教會是在具體的歷史、社會實況中受召來參與上帝國的宣教。社會實況因世代更迭而有所變遷，教會的宣教事工或活動，理當也該有所調適、更新。教會為達成其召命，必得在其生存的每個時代、社會實況中，積極尋求適時、適地的宣教事工。

　　就歷史來看，任何宗教宣教作為的成功與否，除了宣教的內容是否適當之外，宣教的組織結構及背後的心態也是相當關鍵性的因素。我們可以建構如下的邏輯：各種「宣教運動」的提出，都是教會團體體認到了自我的「發展停頓」甚至「存續危機」，因而要求

---

[1]　本文發表於台灣宗教學會2011年會暨「建國百年回顧與展望」國際學術研討會。

進行變革，而這些危機的產生有很大的因素都與「組織運作的僵化」有關。因此，宣教策略若不與組織變革相關聯，大概很難有成效。

本文將從「組織變革」之觀點來省視臺灣基督教最大教派——臺灣基督長老教會歷年來所提出之宣教策略。首先了解「組織變革」的意義與宗教組織變革的必要性，其次討論長老教會組織形成之特色，了解其組織的活化程度及可能性；其次透過相關文獻的分析，檢視從50年代開始長老教會所提出的宣教策略，了解這些策略之成敗因素；然後藉由實際推動者、教會人士與教會內學者的訪談，討論出長老教會內一些重要領導者對這個宣教運動的看法，以及「組織創新」對於宣教作為的成敗是否佔有重要地位，藉此對臺灣基督長老教會現今所提出的宣教口號——「一領一・新倍加」運動提出建議。

二、組織變革的意義與長老教會的組織特質

（一）組織變革的意義

按組織理論之研究，當外在環境發生變化時，將造成組織新的機會或威脅，組織內部的資源也因而發生變動，產生新的優勢或劣勢。領導者的職責是當環境出現新的機會時，應運用組織的優勢，使組織持續發展；當環境出現新的威脅時，領導者應改善組織的劣勢，使組織維持生存的條件。

組織變革（Organizational Change）指的是組織體的成員，因著外在環境或內在趨力而感受到變革的必要性，進而導致組織的自然改變，這種由某種狀態轉變到另一種狀態的自然改變稱為「組織變革」。組織變革的目的是為達成組織的使命、目標與任務，而不是為組織變革而組織變革。組織變革的動機是，目前達成組織使命、目標與任務的績效不佳。因此，在組織變革之前，必須先釐清組織

的使命、目標與任務。許恩得認為判斷一個組織的結構或制度是否出現問題，可分為兩個階段：第一階段是分析組織的實際表現，是否不及預期目標，而且超乎預先設定的可容忍範圍。第二階段是分析造成實際表現不佳的原因，是否由於組織結構或制度的因素。如果兩階段都是肯定的答案，即應進行組織變革。[2]

組織變革可以包括組織結構的變遷、工作流程的改變、管理幅度的調整、工作人員的更新，以及組織設計的變化等。組織變革的基礎一般可以分為「技術為基礎的變革」、「結構為基礎的變革」、「文化為基礎的變革」、「任務為基礎的變革」、「人員為基礎的變革」等五種。組織變革的重點是為改善績效，而不是改變方向。改變方向是屬擬定策略的功能。雖然組織變革與策略擬定會彼此交互影響，但是在經營組織的思考與作法上，應該是先決定方向，再調整力量。

（二）宗教組織之變革

宗教團體在臺灣絕非是一種「超穩定團體」。宗教信仰原本就是人類文明中具根本重要性的面向。就如同文化是社會結構的衍生物，宗教也是衍生自人類社會生活的，但是，一旦宗教形成，即反過來影響人類社會行動及組織結構。韋伯就特別強調宗教作為一種意義體系深刻規制著信徒大眾的生活方式[3]。而宗教團體即是在文化表達的過程中，來引導及增強團體成員對宗教團體的認同與獻身，從而對周遭社會環境產生積極效應。

大多數的社會組織——包括宗教組織——皆隱含有韋柏所提出的科層化架構，但是在外在環境變遷之下，許多宗教組織因為過度

---

[2] 許恩得，〈信仰社會：摩西聽從他岳父的話—談教會組織變革原則-上〉，《聖靈月刊》，280期2001.1。網路版：http://ia.tjc.org/elibrary/ContentDetail.aspx?ItemID=7182&dangid=2，瀏覽日期：2011.3.24。

[3] 韋伯曾經在其所撰《科層制》一文（Gerth & Mills, 1946：196）中，揭示科層制此種現代化組織特性在政治、基督教會以及私人經濟等三種社會領域裡獲致充分發展。

依賴科層管理，而失去對於環境的覺察與應變能力，導致僵化以至於競爭力下降；又，宗教制度化與組織化，可以保障其延續性與穩定性，但同時也因此會導致神聖性的降低。隨著時代與社會的演變，宗教組織是可變化性，其外在形式的變化又會受到社會形態、社會需要、社會變遷等影響，故宗教組織必須反映出當代文化的整體變革；各種宗教社群的組織改造，都是對應時代的挑戰與創新。

組織結構調整或變革的基本原則，就像一個人決定穿什麼衣服一樣，必須配合本身的條件，以及環境的限制。基於此認知，教會的領導者必須不斷地分析教會的內在條件與外部環境之改變，進而判斷教會的組織結構是否需要調整或變革。同時教會的領導者也必須持續學習調整組織結構之知識，並增強適應組織調整之能力。[4]

當然，教會組織畢竟與一般企業體或者非營利組織不同。前者是以「營利」為組織存續與變革的核心目標；後者則以其「服務對象及服務工作」為其組織變遷之依據。但是教會組織之創立與變化通常伴隨著相當強烈的異象與使命感，但是隨著教會的成長，組織的擴展，漸漸的邁向體制化與傳統的建立，很可能漸漸失去活潑與彈性。因此，每次的宣教運動都等於是教會團體「自我更新」的契機。[5]

今天讓一個組織的以存續久遠的因素不在於組織的穩定，而是在於組織的變革。一成不變的組織文化往往無法造成組織的變革，甚至有可能造成組織的夭折；而常常讓組織文化與實際社會變遷對話，甚至程度上允許組織文化慢慢地「轉化」，就可以讓組織更具彈性與發展力。

---

[4]　吳定，鄭勝分，李盈盈，《組織發展應用技術》，臺北：智勝，2005，頁8-9。

[5]　根據神學家卡爾・巴特（Karl Barth）的理解，宣教的定義是基督徒社群自我更新的任務。見Karl Barth, *Church Dogmatic*, Vol.III, part 4 (Edinburgh: T&T Clark, 1961), pp 504.

（三）長老教會之組織形成與特色

　　為維繫組織內部成員對組織之向心力及向外教勢擴張，宗教組織適應社會成為組織變遷的一部分，故造成組織變遷的因素除了外部環境之影響，其內部因素為回應社會變遷，形成內外因素互相影響之呈現，亦同等重要。

　　臺灣基督長老教會的組織型態來自於「加爾文－諾克斯」改革宗傳統。在加爾文長老主義的民主代議體制之原則下，採用科層式的教會管理制度，以小會、中會、總會的分層管理模式，推動整體教會之工作。

　　在制度上，臺灣基督長老教會有一個總會（General Assembly）和一個因歷史因素存留至今的北部大會，而遍佈全島的中會（presbyteries）直接由總會管轄。目前共有22個中會，包含11個平地中會、10個原住民（少數民族）中會/區會（規模不到中會），以及1個以客家組群為主體的中會。依據2008年最新的教勢統計，目前全臺共有1193間教會（包含950間堂會、243間支會），信徒總人數高達230,112人，主日聚會人數約10萬餘人，為臺灣最大的基督教宗派。[6]

　　長老教會體制以「中會」[7]為中心，舉凡教會之設立、管理及處置，以及人員之管理皆以中會為主要機關。中會是由中會牧師團與屬下各教會所選出的長老共同組成，執掌並運作教會之宣教及各項有關事工。

---

[6]　見臺灣基督長老教會2008年教勢統計表：http://acts.pct.org.tw/stat，瀏覽日期：2011.3.31。
[7]　中會的會議是由中會牧師團與屬下各教會所選出的長老共同組成，執掌並運作教會之宣教及各項有關事工。中會掌理事項如下：1、宣揚福音及關懷社會；2、設立及解散教會；3、監督及指導教會，定期辦理長執訓練課程；4、辦理上訴事項；5、在總會體制下與其他中會聯絡、協調；6、管理財政；7、辦理牧師、傳道師之應聘、分派及任免；8、管理及指導中會屬下機構；9、監督管理轄內牧師及傳道師；10、輔導牧師、傳道師參加在職進修教育；11、規範牧師、傳道師之謝禮。見《長老教會行政法》第56條。

長老教會強調「代議制度」，教會以牧師與長老組成的「小會」為主要決策機制。雖然教會中很少說「服從」，但是強調尊重「教會傳統」與「信仰權威」的緣故，信徒很少過問教會重大的決策；也因此，上至「中會」甚至「總會」的各項運作，一般的信徒瞭解有限，無法在各地方教會串連，形成更具體的改革力量。一切事工的進行還是得仰賴舵手的操盤。教會內有權力的團體，例如中、總會議長、總幹事、幹事等，並擁有一群具有規畫能力的幕僚，能時常一起討論、互相激盪。換句話說，整個長老教會的組織概況，主要是行政團隊主導策劃，再送到相關會議進行討論表決。也因此，核心團隊的開放程度與積極度，直接影響了長老教會的事工改革。

三、長老教會歷年來的宣教運動

（一）宣教的意義

　　基督教會存在的目的與使命是「宣教」（Mission），就是要去「宣揚福音」，就是為了宣教而被差派、被建立。所以宣教對教會而言，不是可有可無的，而是必須的。普世每一個宗派或教會都有她們的宣教觀，有人把「宣教」祇定位在「宣道」（Evangelism）傳福音、使人悔改信主，促進教會增長而已；但也有的教會較注重社會關懷（Social Concern），以實際行動和參與，見証上帝的愛與公義。

　　就傳統的宣教學說法，「宣教便是『大使命』[8]的落實」、「宣教便是宣揚福音」[9]；但是當代宣教學對於「宣教」有了重新

---

[8]　「大使命」指的是耶穌復活後對門徒的指示，將其教導傳到世界各地，這使命是基督徒宣教活動的一個主要依據。其最重要的聖經章節是《馬太福音》第28章第16-20節：「天上地下所有的權柄都賜給我了。所以，你們要去，使萬民作我的門徒，奉父、子、聖靈的名給他們施洗（或譯：給他們施洗，歸於父、子、聖靈的名）。凡我所吩咐你們的，都教訓他們遵守，我就常與你們同在，直到世界的末了。」

[9]　賈禮榮（Kane, J.H.）原著，黃彼得編譯，《宣教學概論(上)－宣教事工之基本認識》，印尼：東南亞聖道神學院，1979，頁252。

的反省：「宣教學不是傳播學，而是詮釋學，是一種相互理解與學習的學問。」[10]宣教不再是單向的傳播或使人改教的學問，而是在一個共同體中互相學習和成長的學問。近代宣教學者David J. Bosch對宣教下一個簡單的定義：宣教是什麼？宣教就是願意跨越你所感到安逸舒適的領域的邊界，走出去，願意邁向一個不可知的挑戰的可能性。換句話說，「宣教不僅是教會的工作，而應該是教會的彰顯（Missionary activity is not so much the work of the church as simply the Church at work）」[11]。

（二）長老教會從「倍加運動」之後的宣教運動

長老教會是最早系統地在臺灣進行宣教的教派。無論是南部英國長老教會的馬雅各醫生，或是北部加拿大長老教會馬偕牧師在臺灣的宣教事工，都以傳道、醫療、教育三大項目為主。從清領時期、日據時代一直到國民政府接收，其宣教主軸並未改變。只不過其宣教的對象因著移入的族群而有所變動。真正進行大規模的宣教運動，應該是五〇年代的「倍加運動」。

1、倍加運動（Poe Ka Un-tong; Double Church Movement）

1954年，長老教會鑑於設教九十年來的傳道進度遲緩，南部大會總幹事黃武東於第十三屆南部大會牧師提出「設教百週年紀念教會倍加運動案」[12]，建議全教會應傾盡全力傳教設教，以期教

---

[10] 在當代的宣教理論中，特別強調「本土化」（Indigenization）與「情境化」（Contextualization）的部分。偏重福音在不同文化中的表達，也兼顧到福音在社會、政治及經濟層面的應用問題。見Paul G. Hiebert, *Anthropological Reflections on Missiological Issues*, Grand Rapids, MI: Baker, 1994, pp88-92. 亦可見David J. Bosch著，林鴻信譯，《一路上奔走—海外宣教師保羅的省思》，臺北：禮記，2003，頁13~38。

[11] David J. Bosch, Transforming Mission, Orbis, 1991, p.372.

[12] 普世教會協會（World Council of Churches）第二屆總會，就以「基督是世界的盼望」為題，要求各會員教會在會前針對其本地的宣教實況做深入的研究。當時臺南神學院院長黃彰輝牧師受邀在該會中就此主題作專題演講，因而就該年假臺南神學院召開研討會。黃武東牧師便於此會中以「臺灣之宣教」（Ecumenical Studies, "Evangelism in

會數、信徒數之倍加，獲得一致贊成通過。1959年，長老教會第六屆總會通常年會議決設置「PKU（Poe Ka Un-tong）委員會」，成為總會性運動。所謂「倍加運動」是以在全國每一鄉鎮均至少設立一間教會引導至信徒的倍加，鼓勵信徒獻心、獻工、獻金的三獻運動。[13]至1964年，未含原住民信徒數，信徒人數從59471人增加到102943人，教會數從233間增加到466間。倍加運動達成了在臺灣大部分鄉鎮設立教會的目標，讓臺灣基督長老教會深入民間與社會各階層，了解人民的期待與心聲。[14]

2、新世紀宣教運動

1965年除了是臺灣基督長老教會設教百週年外，也是臺灣社會由農業社會開始工業化的重要轉變期，政府在高雄與臺中分設加工出口區，吸引數十萬年輕人投入工作，雖然讓臺灣的經濟快速成長，卻也造成社會結構的變遷，工廠與都市蓬勃發展，而使得農村衰萎沒落。為因應如此劇變的社會結構，臺灣基督長老教會1965年在臺南神學院舉行「第二世紀傳道方案研究會」，推動「新世紀宣教運動」（1966~1970），確定「多角宣教」的方針，以都市、農村、工業、山地與海外等五個單元進行宣教事工，開始關懷特定族群與沒落中的社區。[15]教會通過「3H、四自」運動：三H為合作、互助、訓練；四自為自傳、自治、自養、自創，開始關懷特定的宣

Formosa"）為題提出研究報告，臺灣324市鄉鎮中尚有161鄉鎮未設教會，信徒數亦只佔全臺人口的0.72%，實需努力宣教。見臺灣基督長老教會歷史委員會編，《臺灣基督長老教會百年史》，臺灣基督長老教會，臺北，頁342

[13] 其宗旨有三：1.各市鎮鄉村需要福音；2.我們要負傳福音的責任；3.全教會力量集中於建設教會。而其口號為「集會當向前、禮拜當虔敬、祈禱不可停、聽道當實行、言行當端正、奉獻當忠誠、護道當查經、時常做見證。」

[14] 但是後來的研究，也顯示「倍加運動」有其不足處：1、倍加運動重量不重質，未重視「後進」的信仰教育工作，加上傳道人及經費之不足，在時代局勢改變後反而呈現衰退現象，1972信徒數為154680人；2、當時設立之教會，許多成為現今的「弱小教會」。

[15] 定1966年為預備年，1967年為山地年，1968年為農村年，1969年為都市年，1970年海外宣道年。

教場合及沒落中的社區，並配合以「信徒造就五年計畫」，強調信徒的信仰職分。結果，因為對特殊事工欠缺耐性，「五年自立計畫」通常無結果，平信徒教育也未能配合，成果有限。

新世紀宣教運動後，臺灣基督長老教會接續推出「忠僕運動」[16]（1971~1975）、「自立與互助運動」[17]（1976~1979）、「信徒什一增長運動」[18]（1978~1985）等宣教運動。可惜上述這些運動之主旨太過理論，成為口號，加上宣導不夠，致使總會及地方教會脫節。1985年什一增長運動結束後，又出現了跨教派的「2000年福音運動」，由「國語教會」系統教會發起，長老教會參與，不過後來形成「雙頭馬車」的情形，中間存在著「質」與「量」的矛盾。期間並於1998年成立研究與發展中心，為教會的宣教工作進行研究規劃，至2000年止，臺灣基督長老教會的信徒人數已達二十二萬四千餘人。

3、21世紀新福音宣教運動

本宣教運動以「21世紀新臺灣宣教運動」為名稱，主要是表達此宣教有跨世紀的意涵，且在本質上具有「以上帝國的主權在臺灣實現」為目的。主題設定為「營造共同體、落實上帝國」，將宣教的焦點放在教會處身的社區、部落與社群，以基督信仰的愛與認同，以謙卑的態度出發，在社群中發揮更新與營造的力量。

此宣教運動有兩大面向：（1）對內以營造信仰共同體的「靈命更新」來達成信仰的深化，透過新眼光讀經、靈性塑造、禮拜更新來達成；（2）對外以營造生活共同體之「心靈重建」，以社會

---

[16] 由「新世紀宣教運動第二期宣教事工」轉化而成，注重研讀聖經及其時代信息。
[17] 原本是五年計畫，但卻不了了之，由「信徒十一增長運動教會」所取代。本運動強化教會及教會之間的關係（平地及山地合一，本地教會及世界教會的關係），並在各中會設立信徒事工班。
[18] 以教會信徒（聖餐會員）每年增加十分之一為目標，通過小組、分區家庭禮拜、文化講座、音樂見證等模式來進行。

參與來推行共同體的營造運動，藉著共同體的營造，達成把上帝國落實在臺灣全國以及普世人間。重要的策略有：社區宣教、兩性平權、普世關係等。總會設定預期成果的數據：（1）教會數增長至1225間；（2）受洗歸主一萬人（2004~2005年）；（3）培養事工推手600人（各事工委員會60名）；（4）社區參與、急難救助訓練10場，以及推動社區宣教增加100間教會。[19]

此運動最重要的便是再次強調了「上帝國宣教」的意義。「上帝國宣教」是整全的宣教，簡單來說便是透過關懷個人的身心靈乃至關心社群和整個受造物，讓整個社區──甚至社會從疏離、墮落、罪惡中得釋放與重建，讓基督教信仰價值有效展現在整個社會，就如同「上帝國再臨」一般。[20]

（三）「一領一・新倍加」宣教運動

面對即將到來的2015年，相對於1865年馬雅各的宣教，正好是「宣教150週年」。長老教會以總會為首，期待凝聚一個共同的、合於上帝心意的宣教目標及策略。一方面想延續過去「倍加運動」所成就的「量」的成長，以及造成教會深刻在地化的成果；一方面又希望落實「21世紀新福音宣教運動」中「上帝的宣教」（Missio Dei）概念，因此在2010年長老教會第55屆通常年會中，提出了「一領一・新倍加」宣教運動（One-leads-one, Doubling Movement，簡稱「新倍加運動」）。這個「新倍加運動」不僅延續倍加運動的精神及策略，並依據社會現況提出「新」的內涵與方式，亦即將「上帝國的宣教」之整全宣教六面向加以深化與落實。就其理念而言，是建構在「認同・委身・成長」為核心，仍然強調以「社區／

---

[19] 見臺灣基督長老教會發行之《臺灣基督長老教會宣教白皮書》（2009），《21世紀新臺灣宣教運動方案手冊》（2006）。

[20] 黃伯和，〈21世紀新臺灣宣教運動中「上帝國」的意涵〉，《神學與教會》，28：1，2003.1，頁141-152。

部落／社群」之宣教為策略，以動員地方教會信徒，進行「一領
一」友誼式佈道，針對不同群體的需求，由不同團契主導擬定個別
的帶領策略。又針對機構和學校等不同屬性，進行專業「一領一」
宣教。中會及總會則針對相關社群議題，以訓練研習及大型生命分
享會支持。以下以兩個圖表分別來展現「一領一・新倍加」宣教運
動的具體目標以及組織圖。

表一 「一領一・新倍加」宣教運動之重要目標

項目或向度		內涵
量的成長	信徒數	一年增加15,000名，五年突破300,000名
	教會數	五年內增加150間教會
	宣教師	五年內派國外宣教師15名；國外短宣隊150隊次
質的成長（推動整全宣教六面向）	宣揚福音	就是為福音做見證領人歸主，在耶穌基督理經驗上帝主權的實現
	培養上帝兒女	透過教育及牧養關顧，賦能力予上帝兒女，使之忠實敬拜和見證
	愛心服事	以愛心和憐憫來服事所有的人，如同服事耶穌基督
	社會改造	將上帝國的價值觀落實在地上，奮力抵抗不公義的結構，並為心靈更新而工作。
	關懷受造界	參與上帝持續的創造，回復人與環境合宜的關係，維護受造界的整全，成為這世界負責的管家
	福音與文化	文化是上帝賜給人類的創造力，母語是文化的根本，教會當尊重且善用多元文化，讓人認識、歸信主上帝
推動策略	三獻行動	獻心、獻金、獻工
	屈膝祈禱	協助中會及地方教會舉辦「舉目向山祈禱會」，至少為三項內容代禱：悔改、宣教、守望臺灣
	增加信徒	鼓勵信徒「一領一」友誼佈道。由中會及總會以培育訓練、佈道會及生命分享會等，帶動信徒質與量的增加
	獻身裝備	鼓勵青年回應上帝呼召，進入神學院受造就，成為全職傳道人
	轉化教會	透過落實「教會再發展與事工更新」，協助地方教會釐清事工策略與目標
	社區宣教	透過各項事工進行整全宣教。如：生命教育、課後陪讀班、青少年營會、松年關懷、新住民關懷、生態關懷…
	夥伴宣教	促成都市教會與原住民教會建立夥伴關係，提供空間，設立原住民都市教會
	媒體宣教	建立總會所屬文字、網路、媒體宣教機構之合作平臺，強化媒體宣教

項目或向度	內涵			
細分目標	類別	中會名稱	應增加人數	應增加教會數
	第一類別	七星、臺北、新竹、臺中、臺南、高雄、壽山	1200人／年	每年2間
	第二類別	彰化、嘉義、屏東	800人／年	每年1間
	第三類別	東部、排灣、泰雅爾	500人／年	每年1間
	第四類別	阿美、東美、希美、布農、中布、南布、東排、太魯閣、客宣	400人／年	2年1間
	第五類別	魯凱、賽德克、鄒族	100人／年	6年1間
	第六類別	達悟、比努悠瑪雅呢	50人／年	6年1間
制定獎勵	地方教會信徒洗禮人數排名前十名。			
	地方教會洗禮人數與信徒比數比例排名前十名。			
	中／族群區會達成教會數或信徒數的增長目標。			

（資料來源：《「一領一・新倍加」宣教運動手冊》）

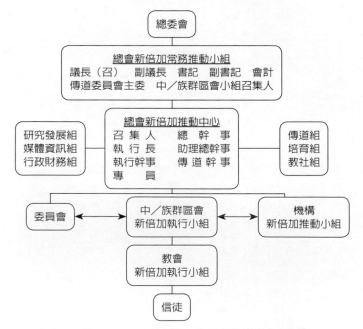

圖一　「一領一・新倍加」宣教運動推動組織圖

（資料來源：《臺灣基督長老教會2011事工說明書》，頁7）

表二 「一領一‧新倍加」運動各層級任務表

名稱		成員	任務
總會新倍加常務推動小組		議長（召）、副議長、書記、副書記、會計、傳道委員會主委、中／族群區會小組召集人	1. 決策總會新倍加運動各項推動事工 2. 總會與中／族群區會之事工分享平臺 3. 每年向總會提出報告 4. 設教150周年慶典籌備
總會新倍加推動中心		召　集　人　總幹事 執　行　長　助理總幹事 執行幹事　傳道幹事 專　　員	1. 訂定總會目標與策略 2. 規劃、執行、協調整全事工 3. 提供資源與獎勵 4. 推動全國舉目像山祈禱會
總會新倍加推動中心	傳道組	傳道（長）、原宣、客宣、普世等幹事	1. 生命分享會及大型聚會之規劃與協調 2. 個人佈道訓練與推動 3. 協助中／族群區會開拓教會 4. 培訓與差派國外宣教師
	培育組	教育（長）、青年、大專、婦女、松年等幹事	1. 製作與推廣帶領慕道者相關資料 2. 提供與舉辦各齡層信徒信徒培育造就課程 3. 動員組織
	教社組	教社（長）、社福、社會機構、傳福等幹事	1. 推動教會社區防災、減災、救災訓練 2. 推動教會社區宣教事工 3. 社會議題的關心與參與 4. 促成教會肢體的互動
	研究發展組	研發（長）、南神、臺神、與神等代表	1. 神學論述與教導 2. 教勢統計與研究 3. 研討教會增長與研發個人傳道技巧
	媒體資訊組	資訊（長）、公報、新眼光、其他刊物等代表	1. 建立資訊分享平臺 2. 報導事工進度與果效 3. 紀錄宣教小故事
	行政財務組	財務（長）	1. 籌措財源 2. 管控收支
中／族群區會新倍加執行小組		※由中／族群區會、機構按實際執行需要組成 ※建議召集人任期2010～2015年，建議設立執行幹事	1. 訂定中／族群區會、機構之目標與策略 2. 規劃執行中／族群區會、機構新倍加事工 3. 舉辦信徒一領一友誼佈道培訓課程 4. 協助所屬教會訂定 5. 配合總會各項新倍加事工 6. 定期舉辦中／族群區會性舉目向山祈禱會
教會新倍加執行小組		由教會按實際執行需要組成，小會議長與代議長老為當然組員	1. 訂定教會目標與策略 2. 規劃與執行教會新倍加事工 3. 配合中／族群區會各項事工 4. 鼓勵信徒參加一領一友誼佈道培訓課程 5. 每周舉辦舉目向山祈禱會
教會信徒			新三獻（獻心、獻金、獻工）

（資料來源：《臺灣基督長老教會2011事工說明書》，頁8）

四、從組織的觀點來反省長老教會的宣教策略

本文之主題是從「組織變革」觀點來檢視長老教會的「宣教運動」。而為了客觀得到相關的資訊，筆者因此設計一些問題，訪談了包括總會同工幹部兩位（分別以O1、O2表示）、地方教會牧長三位（分別以P1、P2、P3表示）以及長老教會內之學者兩位（分別以S1、S2表示），希望能勾勒出一個對於「組織」與「宣教」之相對完整的輪廓。

（一）此次宣教運動與本身組織結構上的關係

長老教會由於相當強調本地社會關懷，因此就「社會參與」與「關懷弱勢」部分，頗能回應政治社會環境的變遷而調整其組織制度，例如總會之下的教會與社會委員會、原住民宣道委員會、婦女事工委員會三個單位，為經常發起及參與社會運動的組織單位；又，為因應臺灣社會結構的變遷，長老教會發展出多元化的社會關懷事工，先後成立原住民、漁民、婦女、勞工、殘障等關懷中心等。但是，相對於「社會參與」所需組織變革的靈活，「宣教運動」在組織制度上顯得較為僵化。

長老教會在組織結構上是否針對「宣教策略」有任何配合性的變革呢？一位在長老教會總會的幹部同工表示：

> 「可以說是有，也可以說是沒有。說是有，是因為這樣的宣
> 教運動是整體教會都動起來，從總會—中會—教會都在整個
> 宣教運動之中，還包括『讀經運動』、『崇拜更新』等等，
> 所以等於是一個整體架構的整合；而說沒有，是因為我們並
> 未因此成立一個專責機構，或者調動、合併某些機制，因為
> 整體都是了，就不需另外疊床架屋。你可以參考我們的『層

級任務表』[21]就知道了。」（訪談編碼O1）

當然，也有學者表示不同的看法：

> 「長老教會的事工主軸，除了宣教運動外，還是有其他的部分。今天『策略』與『結構』是相互依存的，新的策略沒有新的機構是說不通的。那會產生出一個可能性結果：就是看起來似乎是整個長老教會在推動一領一，到最後會變成總會的相關委員會在拖著走，力道整個消失掉！」（訪談編碼S1）

另外有幾位牧師在提到「一領一・新倍加」運動時，則認為現在長老的教會有一個問題，就是「共識」的有效形成比以前困難，而這又與「中會」功能不彰有關。長老教會體制以「中會」為中心，舉凡教會之設立、管理及處置，以及人員之管理皆以中會為主要機關。中會是由中會牧師團與屬下各教會所選出的長老共同組成，執掌並運作教會之宣教及各項有關事工。一般而言，總會制定的政策或宣教方向會送至各地中會，透過各中會總幹事形成具體的策略，在中會的議會中討論並執行。他認為現在長老教的的「中會」功能沒有彰顯，以致於政策傳達上有所窒礙。

> 「中會的功能若不彰，則總會的政策就沒有好的宣導溝通管道，往往會變成『上有政策，下有對策』，總會對於中會或地方教會又無強制命令權，所以有時對某些教會的「抗拒」無可奈何。」（訪談編碼P1）
>
> 「代議制度強調開會協商，有時反而不易形成共識。」（訪談編碼P2）

---

[21] 見臺灣基督長老教會，《2011事工說明書》，頁8。

之前的學者牧師則說明了中會功能不彰的原因：

> 「因為各中會總幹事制度尚未真正普及，而且權責功能未明，以至於許多中會缺乏行政統籌的機制，相對地中會自主規劃的功能便不彰顯。」（訪談編碼S1）

（二）長老教會宣教運動與其他組織的互動關係

1、與其他教派是否有互動與合作

　　過去幾年來，長老教會在宣教工作上，的確與其他教派有一些合作，但是大都屬於合辦佈道會，或是參與活動室的「點狀式合作」，比較沒有常態性、策略性的合作機制。一個很重要原因便是十幾年前由新興的靈糧堂等教派發起的「2000年福音運動」。該運動於1990年成立了跨教派合作組織——「中華基督教福音協進會」，成為國語教派最重要的宣教事工單位。[22]其巧妙的宣傳方式、很有計畫的組織動員，的確展現很大的影響力與宣教成效。[23]在「量」的成長上有相當亮眼的表現[24]。

　　2000年福音運動在長老教會中引發出一些不同的爭議。有不少學者與牧師針對「二百萬信徒及一萬間教會」純粹量化的的目標以及其相應企業化經營策略有所疑慮因此，在之後的互動上，大概也僅於這樣的「點狀式」的互動合作。總會一位同工對於當初的互動

---

[22] 雖然是「跨教派」，但是主要乃是由某教會主導、其他人配合的事工單位。該單位所推展的宣教福音工作，常常會跳過各教會上層組織，直接和各地方教會聯繫。在2000年福音運動結束後，該單位之主導者熱衷辦「全國性」活動，推「全國性」方案，爭取各教派有名望的人士、領袖人物的合作，尋求與政府高層建立關係，企圖心十分強烈。

[23] 有關於2000年跨教派福音運動的一些內容，可見王貞文，〈教派合作的虛與實〉，《新使者雜誌》，90期，2005.10，頁11~14。

[24] 到2000年為止，按該機構的統計，總共派出有204位超文化宣教士，認領海外本土宣教士達到2400位。基督徒由557,483人增長為780,529人，增長率為40%，教會數由3,127所增長為3,961所，增長率為26.67%。見該會官網，「緣起」：http://www.ccea.org.tw/pr/functioncode/publish/articleshow.asp?sn=770&type=19，瀏覽日期：2011.3.24。

作了說明。

　　「總會採取的是『合而不同』的立場，我們本身也推
出『二千年福音運動』的方案，也參與一些他們的佈道活
動。」（訪談編碼O2）
　　「不過有一些中會和地方教會，一開始時兩邊活動都參
加，有的乾脆就只參加他們的『2000年福音運動』，到現在
也影響了一些年輕人對於『教會復興』觀念的形塑。」（訪
談編碼O2）

有一位神學院教授更明確指出當初的運動對長老教會的影響：

　　「在2000年福音運動中所揭櫫的『成功神學』以及『策略導
向』的作法相當程度吸引了年輕一輩的心，教會中甚至有許
多年輕的長執也強調成長率以及極大化教會，這是與我們的
神學傳統有很大不同的。」（訪談編碼S2）

那到底此次的宣教運動與其他教派是否有合作機制呢？

　　「沒有！一方面是我們有自己的神學立場與宣教理念，過去
我們的模式是合辦一些大型活動，大概這樣的模式會延續下
去。」「近幾年來，非長老會的教派會覺得他們的成長比我
們快且有效，所以大概也不會有多大意願進行合作吧？」
（訪談編碼O1）

2、與國外教會或宣教機構之聯合

　　筆者除了在教學學術單位服務之外，也長時間在地方教會進行
關懷與協助。發現無論是南部或是北部的教會，相當程度喜歡到其

他國家的教會「取經」。這個現象應該是起源自90年代以後，因為靈恩派團體的成長逐漸進入都會地區，開始引進韓國、新加坡等宣教模式。[25]這是個很有趣的現象：為了達到本地宣教運動的各項指標，寧願向國外尋求「最有效」的策略與方法！？甚至在南部的某教會，其領導人還是「一領一」運動的區負責人，也帶頭帶著幹部們到南韓進行為期一週的訪問取經。筆者曾經詢問過其中的牧者，他表示：

> 「有甚麼關係？都是為了宣教！我們是以宣教為目的，引進他們的想法與做法啊！」（訪談編碼P3）

既然向國外教會或宣教團體學習或模仿是「既存的事實」，那麼總會的「一領一・新倍加」是否與國外宣教機構有如何的聯合或合作呢？一位在總會推展宣教運動的幹事承認並沒有。

> 「新倍加宣教運動所重視『質的成長』是與『世界傳道會』[26]（CWM）提出整全宣教的『五個層面』[27]相呼應的。」（訪談編碼O1）
> 「畢竟長老教會的『新倍加』有自己的歷史淵源與特質，國外的教會與宣教團體所採用的宣教策略不必然適合，

---

[25] 包括南韓趙鏞基（David Yonggi Cho）牧師所領導的「中央純福音教會」（Yoido Full Gospel Church）的影響，以及新加坡康希牧師「城市復興教會」的模式，紛紛熱烈仿效注重成功神學和市場策略導向，且具有高科技裝備的超大型教會（mega-churches）。

[26] 「世界傳道會」（Council for World Mission, CWM）前身是1795年建立的倫敦傳道會（London Missionary Society）。後於1977年與大英國協傳道會（Commonwealth Missionary Society）及英國長老會差傳委員會（Foreign Missions Committee of the Presbyterian Church of England）合併，總部位於英國倫敦。

[27] 「世界傳道會」在其出版的《今日世界宣教》一書中，提出整全的宣教觀應包括、宣揚、培育上帝的兒女、愛的服事、社會改造、關心受造界等五個層面，而地方教會應「察覺新領域，跨越新藩籬」，不斷擴展宣教的視野。陳南州、以紹・芝佑合譯，《今日世界宣教》，臺北：臺灣基督長老教會總會研究與發展中心，2001。

總會除了在『量』的要求之外，更注重『質』的部分，這可能需要與教會牧長們多多溝通。」（訪談編碼O2）

（三）總會內學術組織整合的狀況與關係

　　長老教會作為臺灣人數最多，影響力最大的基督教宗派，其任何作為都動見觀瞻。因此，需要有一個智庫的單位作為長老教會的「大腦」。過去長老教會長久參與社會運動，因此其是工規劃多是由「教社」、「婦女」與「教育」委員會主導，透過邀請某幾位教授信徒或神學院老師一起做學術規劃。但是為了因應社會急速的變遷與教勢發展的需要，長老教會在1998成立「研發中心」，其功能為「從事研究與發展的工作，來做為總會推動事工的智庫，因應當前在宣教、見證上所面對的多元而複雜的挑戰」，其成立之初即依「異象與策略」、「資源整合」與「組織再造」三個方向做為研發之方向。[28]但是現今的「研發中心」有一個相當尷尬的地位認定問題：它是直屬於總幹事的單位，那麼，它應該是總幹事的智庫還是整個長老教會的智庫？因為地位的不明造成了其功能的不彰。現在的研發中心變成了有些的任務導向，由主要推動「新倍加運動」的現任助理總幹事林芳仲牧師兼任中心主任。有學者對此提出了一些說法。

　　「這幾年研發中心幾乎沒有甚麼功能。事實上，有許多的現象與教會存續有關，都可以成為研發中心的主要研究議題，如少子化、兩岸教會的互動模式。像組織再造的議題討論了十幾年，也沒有甚麼結果。」「其實要再次審視研發中心在總會中組織的定位。如果它的存在不必要，那麼在『瘦身』的原則之下，要以怎樣的機制來取代？若是其存在是必要

---

[28] 　見「長老教會研發中心」官網首頁：http://www.pct.org.tw/rnd/，瀏覽日期：2011.4.6。

的，則考慮其工作的內涵與模式，擴大其效能，增加必要的人員編組，並可承接某些委員會的委託研究。」（訪談編碼S1）

若是研發中心的功能未能有彰顯，那至少總會與屬下之學術單位——神學院或教會大學也應有研究上的聯繫；但是事實上總會與這些單位的連結事實上是不足的。

「總會這兩三年在進行各種宣教方案或重大決策時，很少認真徵詢過神學院學者的意見。可能是之前神學院的問題讓總會覺得棘手吧？加上過去神學院的教學研究主軸多集中在聖經神學與系統神學，對於實際牧會與教會政治的實踐神學部分較不重視，所以總會寧願去找一些大學教授或研究員來委託。」（訪談編碼S2）

「研發中心其實應該建立整個教會內教授群與研究人員的人力庫，它自己可以變成『研究中介單位』。」（訪談編碼P2）

「我們長老教會的大學本身雖不直接受總會管轄，但是也能在總會推展各種事工時提供各種向度的建議。所以若可以的話，研發中心應該有一個顧問群，由我們教會大學的各相關人才組成顧問團，甚至擔任主任。」（訪談編碼P3）

（四）研究發現與反省

1、就組織發生學的理解，若意識的產生先於組織，則意識的強度會比組織強，但是若意識本身不明確，則連帶組織的自我約束力也會減弱。總會提出了一些目標與策略，但是若有些中會（區會）卻不必然接受或fallow這些目標，而各自有其目標做法，到最後總會從主導的角色變成只能做

綜整的功能，整個宣教運動的力度明顯減弱。事實上，長老教會的對整個新倍加宣教運動的溝通與行銷真的不足，以至於各個中會甚至地方教會都以自己的理解模式來看待「一領一・新倍加」，也形成了各種不同的實踐模式。如果真能夠有效動員整個長老教會的組織──總會及各委員會、教育機構、社福機構、文宣組織（如教會公報與新眼光電視臺等）、各中區會，然後成立一個專責的、角色功能明確的機構，也透過專責的宣教幹事藉此強化中會的功能，進行組織改造，應該整個的組織可以被點燃。「宣教」對於教會團體而言，是很重要重整「組織意識」的時機，若是真能透過組織配合改造的機制有效地傳達組織意識，進而強固甚至形成組織文化，對教會必定有所幫助。

2、若是重視的是組織的傳統與純粹程度，那麼不與其他教派混雜是應當的；但是為了要讓組織的運作更有效率，讓組織的事工規劃更加周延，就需要與其他教派或組織有更多的互動。除此之外，若過度強調宗派本身的純粹性，很有可能造成「孤島侏儒化」[29]的情況。在面對社會實際景況與不同族群之需要時，各個教派──甚或各個宣教團體更應該具有「宣教版圖」的視野──我知道我的宗派組織特色與主要吸引的族群對象，這是我的版圖──是開展宣教的版圖而非攫取資源的版圖；「宣教版圖」同時也代表教派

---

[29] 所謂「孤島侏儒化」的理論來自英國布里斯托大學古生物學家本頓（Michael Benton）所提出，他與合作的研究團隊解釋了一百年前匈牙利人諾普喬所展示，在羅馬尼亞哈采格地區發現的侏儒化恐龍化石，為什麼會比同時代其他地區的同類生物化石小很多。他們認為，哈采格的恐龍最早可以追溯至白堊紀末期，即大約6500~7000萬年前，那時候歐洲還是一片汪洋。哈采格在數千萬年前是與世隔絕的孤島，島上的較大型生物在進化過程中會有兩種結果，一是因為沒有充足的食物，導致整個族群走向滅亡；一是改變自己以適應孤島的環境，也就是一代比一代的體型更小。這個理論引申出來的意義，便是如果自我隔絕，或是被迫隔絕在一個孤島裡面，眼界將會愈來愈小。若我只想與身邊的人比，只想符合身邊小圈子之標準為滿足，那麼我的能力久而久之必定會萎縮。

與教派之間在理論上可以是壁壘分明的，但在實際上卻是有「模糊地帶」的──就好像海岸線永遠無法固定一般。就算是理念不同，也可以在「宣教」視野與神學上多加辯論，如此才可能雙方都得到幫助。

3、長老教會內部的事工組織（如各委員會以及事工中心）與非事工組織（如神學院與教會大學）的之間的聯溝流通宜更加密切。按筆者的理解，事工組織的幹部是相當尊重學者的，但是有時也會對學者的「原則」以及「吹毛求疵」感到無奈；而學者也會對一些工作者的「大而化之」以及「效益取向」覺得不習慣。基本上，此次新倍加運動長老教會相當程度動員了總會各組織，只不過在策略的制定與成型上似乎學術機構的參與程度不高，這是較為可惜的部分。其實無論是神學院或者是大學，都可以從不同的角度給予深度而中肯的建議。若是長老教會真正能將所有組織有效串連並且加以運作，相信所達成的效果必定遠遠超乎想像。

4、依照總會研發中心於2007年的教勢統計，長老教會共有1,194間教會，其中平地教會701間，原住民教會493間；100人以下的教會共有847間（佔70.94%），其中49人以下有479間（186間為平地教會，293間為原住民教會）。[30]這數字顯示「小型教會」佔相當高的比例。其實許多「小型教會」（約250-300間）都是處在偏遠或鄉村（非都會）的地區，因結構性的因素（社會轉型及變遷、人口外流）而必須為生存而掙扎。這些許多都是1965年「倍加運動」所設立的教會，這些所謂「弱小教會」的微妙生態，可以說是長老教會的重擔也是契機（是祝福也是挑戰）！其實可以這麼

---

[30] 見胡宏志，〈臺灣基督長老教會教勢現況分析〉，《邁向宣教150：一領一・新倍加──新倍加運動實踐手冊》，頁21~25。

去思考：所謂的「新倍加」應該是有能力、有資源的大型或中型教會，加倍在小型教會的支持上，一間教會領著一間教會。若是放大到十年來看，我確信小型教會就會成長到可以獨自發展的階段，而可以發揮出來的潛力絕對是不容小覷的。

五、結論

教會存在的主要功能便是「宣教」，而宣教便須與瞬息萬變的社會現象對話、與同時存在的不同族群對話、與過去可能曾經不經意所造成的錯誤對話。面對不一樣的對象，就必須有不同的組織與認知，必須發展出不一樣的思維。組織的存續往往是在「變革」中得到能量，要能變革，先得有一個「活潑的」、「肯被挑戰的」心。

記得曾經有一位教授說過，臺灣的教會——尤其是長老教會的信徒多由中產階級所組成，而這種中產階級的教會所形塑出來的基督徒有許多是所謂「Sofa Christian」（沙發基督徒）——就是習慣舒服地坐在自己教堂座椅上的基督徒。也就是說，在心態上、動機上是一種內向的，習慣很自在地活在自己覺得舒適的位置（comfortable zone）上。[31]這種本位主義可以說是宣教的最大挑戰。

臺灣基督長老教會是在臺灣的文中孕育出來的，臺灣文化中的優點缺點她都一併吸收。換句話說，教會體制與社會結構是並存且相互影響的，長老教會要面對實際社會政治型態並做回應之前，先得面對自己教會組織與制度的問題。體制改革、政治關係、甚至社會服務接不應該是一種手段或策略，更應該是一種信仰生命的外顯。

---

[31]　鄭仰恩，〈從教會歷史看「一領一・新倍加」宣教運動〉，《臺灣基督長老教會新眼光讀經手冊、講道集、舉目向山祈禱會寫作工作坊2011（一）》，頁27。

六、參考資料

許恩得，〈信仰社會：摩西聽從他岳父的話—談教會組織變革原則〉，網路版：http://ia.tjc.org/elibrary/ContentDetail.aspx?ItemID=7182&langid=2。

吳定，鄭勝分，李盈盈（2005），《組織發展應用技術》，臺北：智勝。

Karl Barth (1961), Church Dogmatic, Vol.III, part 4 (Edinburgh: T&T Clark).

臺灣基督長老教會2008年教勢統計表：http://acts.pct.org.tw/sta。

《長老教會行政法》網路版：http://acts.pct.org.tw/pctlaw/lawsview.aspx。

賈禮榮（Kane, J.H.）原著，黃彼得編譯（1979），《宣教學概論（上）－宣教事工之基本認識》，印尼：東南亞聖道神學院。

Paul G. Hiebert (1994), Anthropological Reflections on Missiological Issues, Grand Rapids, MI: Baker

David J. Bosch著，林鴻信譯，《一路上奔走—海外宣教師保羅的省思》，臺北：禮記，2003，頁13~38。

David J. Bosch, Transforming Mission, Orbis, 1991, p.372.

臺灣基督長老教會歷史委員會編，《臺灣基督長老教會百年史》，臺灣基督長老教會，臺北。

臺灣基督長老教會，《臺灣基督長老教會宣教白皮書》（2009），《21世紀新臺灣宣教運動方案手冊》（2006），《2011事工說明書》（2011）。

黃伯和9（2003.1），〈21世紀新臺灣宣教運動中「上帝國」的意涵〉，《神學與教會》，28：1。

王貞文（2005），〈教派合作的虛與實〉，《新使者雜誌》，90期，2005.10，頁11~14。

中華基督教福音協進會官網：http://www.ccea.org.tw/pr/functioncode/
　　publish/articleshow.asp?sn=770&type=19。

長老教會研發中心官網：http://www.pct.org.tw/rnd/。

胡宏志，〈臺灣基督長老教會教勢現況分析〉，《邁向宣教150：
　　一領一・新倍加——新倍加運動實踐手冊》，頁21~25。

鄭仰恩（2011），〈從教會歷史看「一領一・新倍加」宣教運
　　動〉，《臺灣基督長老教會新眼光讀經手冊、講道集、舉目向
　　山祈禱會寫作工作坊（一）》。

基督教家庭宗教教育的理論與實踐
──臺灣經驗分析[1]

一、前言

社會化（Socialization）是人類成長過程中一項很重要的經驗。無疑的，家庭就是孩子們接受社會化的第一個場所，也因此，在孩子們社會化學習過程中，扮演第一位指導者的，就是父母親了。父母的教導與言行，往往成為孩子們的學習模式，對孩子們的成長發展，俱有深遠的影響。父母的確是子女學習、模仿的對象，而且不單是兒子學習父親，女兒模仿母親，更包括兒子與女兒，一起學習、觀察父親與母親之間的關係。孩子們不僅關心父母是否愛他們，更關心父母之間的互動模式，父母對於生活品質的要求，以及雙親對自己個別的角色是否滿意。換句話說，父母對自己角色的扮演及父母的人際關係，恰恰成為孩子們最具體的學習模式。

家庭的「社會化」簡單來說便是「家庭教育」。中外學者學者對「家庭教育」的定義相當多。張春興認（張春興、曹中瑋，1986）為家庭教育是「家長施予子女的教育；其教育對象為成長中的兒童或青少年，其教育目的在培養子女良好的生活習慣、道德觀念以及待人處事的基本能力。」王連生（1988）則認為家庭教育是：「小孩在兒童期所接到父母管教的活動或生活訓練，藉以滋長其日後為人處世的良好態度與人品。」黃意舒（1992）認為，除了

---

[1] 本文原發表於台灣宗教學會2014年會暨「台灣新宗教的開展：回顧與前瞻」學術研討會，後刊登於《文明探索》第78卷（2017.4），頁37-52。

家庭內的教育，家庭教育是也可是家庭外的教育，也就是人與社會結構（如社教機構、大眾傳播）所產生的影響，可以促進個人之社會化、文化習俗學習以及個人生命週期的發展。彭淑華（1995）定義家庭教育為「對發展中的兒童，在日常生活中，父母有意識、有計劃的指導，使子女的思想、行為達到雙親所預期的結果」。林淑玲（2003）則認為「為健全個人身心發展，營造幸福家庭，以建立祥和社會，而透過各種教育形式以增進個人行家庭生活所需之知識、態度與能力的教育活動，稱為家庭教育。」而按照內政部於2003年2月6日公布的「家庭教育法」第二條記載，家庭教育「係指具有增進家人關係與家庭功能之各種教育活動。」[2]

在美國，長期以來人們把家庭教育稱作家庭生活教育，20世紀60年代的美國學者大都認為，家庭教育就是家庭內部的事情，是對家庭成員進行家庭中的角色與責任的教育，以使每個人承擔自己的義務，保證家庭的和睦。70年代之後，美國有的學者強調家庭教育應當增進人際關係，如萊溫認為家庭教育是「增進家庭生活並協助個人更加瞭解各種人際關係中的自己的一種教育方案」[3]，Tennant（1989）認為，家庭生活教育是專心致力於授與成人，每天在生活上增進有效能的技能，增進對於人際關係、處理生活事件、了解個人潛質的能力。Thomason & Arcus（1992）的觀點，所謂家庭生活教育，是指個人行使家庭生活所需的認知、情意和技能，意謂增進個人在家庭生活上的各種能力。全美家人關係會議（The National Council on Family Relations, NCFR）甚至規定了家庭教育的內涵。[4]

---

[2] 相關條文見「家庭教育法」網路資料：http://law.moj.gov.tw/Scripts/Query4A.asp?FullDoc=all&Fcode=H0080050

[3] 見駱風，〈簡析當代家庭教育概念的演進〉，http://www.cnsece.com/Page/2007-5/7640592007520112413.html

[4] 其內涵如下：（1）家庭如何運作；（2）家庭與社會的相互關係；（3）人類生命全程的生長與發展；（4）人類性之生理與心理；（5）金錢與時間的管理；（6）親職教育的價值；（7）政策與立法對於家庭的影響；（8）專業人員行為的倫理；（9）指導家庭生活教育人員的課程設計。見林淑玲，〈家庭與家庭教育〉，載於中華民國

而就家庭教育的內容來看，按照「家庭教育法」第二條的記載，包括了「家庭倫理教育」、「親職教育」、「婚姻教育」、「兩性教育」以及「家庭資源與管理教育」等等。其中最為首要的便是「家庭倫理教育」，也就是指增進家族成員相互尊重與關懷之教育活動，讓個人的倫理認知與人格成長都能逐漸成熟。因此，正常完整的家庭教育必然包括了宗教教育。良好的宗教教育能使人除了得到理性的知識外，也能得到品德的陶冶，與精神的寄託。也因此，人們才能在身心靈各方面發展均衡。一個人自小所接受的家庭信仰和教義教誨，很可能左右他的一生，影響他對其他宗教的認知與態度，並奠定他一生信仰的根基，形成他信仰的雛形。使他有所堅持、有所排斥，也影響他能正信或誤信，甚至迷信。

　　我們以臺灣民間信仰或道教信仰之家庭為例。處於這些宗教之家庭成員，其家庭初一、十五或歲時節令之膜拜行為透過潛移默化之果效使家庭成員習得如何敬拜其神明，雖然許多家庭成員並不知其信仰真正內涵為何，實際生活上卻懂得如何敬拜神明、遇到問題如何藉助其信仰化解難題，姑不論其是否具迷信成份，至少這種信仰與生活息息相關的出現在家庭中之現象是基督徒家庭生活所缺少的。

　　基督教是相當重視教育的宗教。望文生義，基督教教育是指「以基督教的信仰為中心的教育」。而它所要致力的，就是依據基督教的經典──聖經，將教育的標準內容，訂立在信徒的需求之上。學者盧得認為：「基督教教育可以被了解為對歷史情況的創意詮釋之產品、一個活潑的內容、一個個人性的成長過程、一門教育科學與藝術，以及一種工作的神學。」[5]

　　回顧過去對於「基督教家庭教育」之研究，可以分為幾個面向。有從「父母宗教教育」方面來探究的，如葉榮福（1985）發表

　　家庭教育學會主編：《家庭教育學》，臺北：師大書苑。2000，頁1~34。

[5]　鄭仰恩、林明珠，《信仰的成長與深化》，臺南：人光，1998，頁49。

的〈從社會學觀點——談父母宗教教育的重要性〉與〈成人、父母宗教教育的神學觀〉兩篇文章，是從天主教信仰觀點出發，也有兩篇臺灣神學院的碩士論文：侯淑媛（1987）《從基督教教育的觀點看心理輔導及探討基督徒的父母有什麼樣的育兒觀》以及邱奕寬（1999）《基督徒父母的育兒觀》。也有從「家庭宗教教育」與「家庭道德教育」角度來探討的，如林惠玲、翁小莉與黃巧佩等（2000）合撰之《基督化家庭教育之研究》以及陳韻如（1991）的《家庭的道德教育》，前者是以臺北地區四間長老教會為研究對象，探討基督教家庭如何實施宗教教育；後者則聚焦在基督教家庭應如何進行道德教育。除此之外，也有以「家庭舉行宗教禮拜」方面作研究的，例如：張一玫（1987）與應人鳳（1989）等都曾以《家庭禮拜的探討》為主題進行研究；也有從教會與牧長加強基督教教育方面來探討的，像是劉梅玉（1984）所撰《牧者如何幫助父母教育幼兒》。值得注意的是，除了葉榮福的文章之外，其他都是臺灣神學院與臺南神學院學生所撰寫的畢業論文。換句話說，可以找到的相關研究幾乎都是從教會團體或神學院體系的論文所呈現出來，一般的學術研究似乎對於「家庭宗教教育」興趣缺缺。我想這也程度上反映了臺灣社會一直不把家庭宗教教育視為可研究的傳統學術習慣。

綜整學者與文獻的說法，我個人對於「基督教家庭宗教教育」的理解為「基督教家庭的信仰教育」。也就是說，在「家庭」的這個關係網絡中，教導者（常常是家長）藉由各種可使用的內、外部資源（或許是自己的信仰知識、家族傳承，或者是所屬教會團體的牧長、友人等），建立被教導者的基本信仰認知、道德價值、宗教態度等等。

為了有效呈現基督教家庭宗教教育的面向，本文將先從《聖經》有關家庭教育的記載，與基督教歷史中與家庭宗教教育相關的人物或事件來反省家庭宗教教育的內涵。並舉出幾個案例來討論家

庭宗教教育在實際實踐上可能會遇到的困難。再結合家庭宗教教育的重要理論與模式、家庭宗教教育的基本原則與核心概念等方面來試圖重新勾勒臺灣的家庭宗教教育之可行輪廓。盼本文能成為一個有價值的「磚塊」，能引發不同宗教對於家庭宗教教育的重視與深度討論。

二、家庭宗教教育的經典與歷史淵源

（一）家庭宗教教育的《聖經》根據

在這部分我分別從《聖經》的「舊約」與「新約」經文中，各選擇幾段與「家庭宗教教育」有關，且較具代表性的經文加以簡單說明。

1、舊約相關家庭宗教教育的記載

（1）〈申命記〉六：4-9

「以色列阿，你要聽。耶和華我們神是獨一的主。你要盡心、盡性、盡力愛耶和華你的神。我今日所吩咐你的話都要記在心上，也要殷勤教訓你的兒女，無論你坐在家裡、行在路上、躺下、起來，都要談論。也要繫在手上為記號，帶在額上為經文。又要寫在你房屋的門匡上，並你的城門上。」

對於基督徒來說，這段話非常熟悉；而對於猶太人而言，這句話是其「信仰告白」的開始。這段經文是整卷〈申命記〉的中心，也等於是猶太信仰的核心，被稱為是「西瑪」（shema），意即「你當聽」，也就是「信仰告白」的意思。其中心思想集中於耶和華上帝獨一的敬拜，要求百姓盡心盡力順服上帝。這段經文提到要彼此提醒是否在每天的生活中記得上帝教導，與人彼此討

論，[6]作父母的也用上帝的話語來教導子女。要求父母以嚴格、謹慎的態度來教導他們的孩子，使他們的孩子可以時時行在上帝的律法中，也走在正確的道路上。

（2）〈出埃及記〉十二：24-27

「這例你們要守著，做為你們和你們子孫永遠的定例。日後你們到了耶和華按著所應許賜給你們的那地，就要守這禮。你們的兒女問你們說，行這禮是甚麼意思。你們就說這是獻給耶和華逾越節的祭。」

在第十二章的背景是耶和華以第十災攻擊埃及[7]，讓猶太人得以離開為奴之地。耶和華提醒猶太人準備離開。為了逃避那滅命的使者，猶太人必須取無殘疾、一歲的公綿羊或山羊的血，塗在門框上。當他們吃逾越節的筵席，滅命的使者便開始巡行埃及地急殺埃及頭生之人及牲畜。法老終於讓猶太人離開，這群奴隸終於重獲自由。因此以後每年都必須慶祝逾越節，永遠記念耶和華的拯救。經文中提到了兩類父母——希伯來人和埃及人，與兩類子女——一類是因父母所作的而得救（21~27），而另一類則因父母不聽神的勸告而滅亡（29~30）。在經文的意義中，父母的行為往往都深遠地影響兒女的生活與生命，所以，孩子的好與壞全在乎父母的表

6　在今日的猶太人也是這樣做。當他們有兩三人聚在一起、或是吃飯時，一定會談論上帝的作為。在他們的手與頭額會綁著一條特別的帶子，將上帝的誡命寫在上面。另外，也將這個誡命寫在小的羊皮紙，放在皮包隨時拿出來閱讀。另外，他們會戴一頂小帽子，就是要來提醒他們，上帝在他們的上面，言行舉止上帝都知道！

7　十災（רשע תוכמה）是記載在《聖經》〈出埃及記〉七到十二章中，其內容如下：血災（מד）：尼羅河的清水全變成血水——7章14-25節；蛙災（עדרפצ）：大量青蛙死亡——7章26節-8章11節；虱災（מיגנכ）：幼童頭髮佈滿虱子——8章12-15節；蠅災（בורע）：蒼蠅肆虐——8章16-28節；疫災（רבד）：家畜感染瘟疫死亡——9章1-7節；疹災（ןיחש）：成人長出起泡的疹子死亡——9章8-12節；雹災（דרב）：天下冰雹——9章13-35節；蝗災（הברא）：蝗蟲佈滿埃及——10章1-20節；黑暗之災（ךשוח）：三天三夜不見太陽——10章21-29節；長子之死（תכמ רוכיב）：所有埃及家庭的長子死亡——11章1節-12章36節。

現。耶和華特別地囑咐作父母的要將神所作的事告訴他們的兒女（24~27）。藉由「守節期」不斷在家庭中述說上帝救贖的歷史，讓孩子得以不斷回顧他們身上恩典的血脈，加強他們的信仰。

（3）〈箴言〉廿二：6
「教養兒童，使他走當行的道。就是到老，他也不偏離。」

這段經文強調父母親對子女教導之不妥協性以及影響。當孩童年幼時，父母親應好好管教他、模造他。「當行的道」包括了正確的信仰選擇、道德行為與價值判斷。對猶太人來說，信仰是一個人生命的中心，給孩子正確的信仰就好像給孩子一條正確的人生道路一樣，這樣的教導價值將延續一輩子，因此這是不能妥協的。不僅如此，這結晶文也提醒了做父母的人，宗教教育的灌輸是「到老」也不讓他偏離，因此家庭宗教教育是一輩子的事情，就算孩子長大了，仍必須時時提醒他們。

2、新約相關家庭宗教教育的記載

（1）〈提摩太後書〉三：15
「並且知道你是從小明白聖經，這聖經能使你因信基督耶穌有得救的智慧」

在這裡提到了保羅對於其後繼者提摩太自小就得外祖母羅以和母親友尼基的教導，得以相信並明白聖經——這裡指的是當時的希伯來聖經。有了原來家庭宗教教育的基礎，保羅再教導提摩太學習基督耶穌福音的真理。保羅強調《聖經》能引領人進入經歷上帝的救恩，所以在幼年時家庭中的《聖經》相關教導可以更啟發孩子們明瞭上帝的啟示與真理有無限的價值。

（2）〈以弗所書〉六：1，4

「你們作兒女的，要在主裡聽從父母，這是理所當然的。……你們作父親的不要惹兒女的氣，只要照著主的教訓和警戒養育他們。」

『在主裡聽從父母』這句話有幾個意思：（1）因愛主、敬畏主而聽從父母；（2）與主合一、靠著主的力量來聽從父母；（3）照著主的意思來聽從父母——若父母命令兒女作違背主旨的事（如犯罪）時，則不可盲從。作家長的不應過分的嚴厲、暴戾、不合理或偏心，否則就會讓兒女產生反彈。而應該以信仰的引導，用耶穌的教訓和警戒，來教訓並警戒兒女。兒女之所以反彈之原因常是「過於嚴苛」、「不公正」、以及「本身不正」。故在這段經文中提到了家庭教育的態度應該溫和，會使兒女尊敬他們的父母；而苛刻和嚴厲的態度，則反會使他們頑梗，損毀他們的孝心。另外，作父母的不該只是在口頭上教訓兒女，而在行為上沒有作好的榜樣。「主的教訓和警戒」一詞顯出，教訓和糾正孩子都應以基督徒的典範為依歸；在主裡教養兒女，這是為人父母者不能放棄的屬靈責任。在這段經文中，我們看到了一種「互相」的關係：子女要孝敬聽從父母；而父母要以公平、鼓勵、身教來教養子女。更重要的是：都要以「主」為核心——以信仰為基礎。

（二）歷史發展

在這一部分，我將從「猶太人的家庭教育」、初代基督教會中「家庭教會」（House church）的特質，以及宗教改革時馬丁路德與加爾文的家庭教育觀點（他門都有結婚）來論述家庭宗教教育的發展與特質。

1、猶太人的家庭教育

　　猶太教是一個非常注重家庭的宗教。古代猶太人極度重視對孩子進行早期教育，當然，那時的早期教育實際上就是家庭的宗教教育。在沒有成文的經文以前，宗教的學習主要依賴口傳的傳統。到成文的律法出現之後，教導兒女學習律法就成了家長的主要職責。教育的直接目的是培養孩子對上帝的敬畏心理以及身為猶太人的使命感與優越感，啟發他們對正義與信念的獻身精神。

　　家庭是猶太人的教育中心，而「妥拉」（Torah，意即神聖的教導）就是他們使用的教育教材。「妥拉」本身的意思是教導（teaching），其內容是來自母親或父親（〈箴言〉一：8；三：10）、聖人（〈箴言〉十三：14）、詩人（〈詩篇〉七十八：1）或「出自上帝認可的僕人」（〈以賽亞〉卅：9；〈耶利米書〉八：8）的神聖教誨（divine instruction）。猶太人不僅視「妥拉」唯一本無上價值的經典，他們的教育目標乃在使人通曉和遵行「妥拉」，甚至認為那亦是人的本份。

　　猶太孩子生下來就開始接受雙親的教育，以後還有教師教導他們律法或口傳的習俗。當孩子出生滿8天之後，就必須要接受割禮，來表示分別為聖，兒童剛學會說話，父母親就應該教他說「西瑪」[8]。從四歲起就得學習「妥拉」，自五歲起就要學習希伯來聖經，先讀利未記（因利未記是教導律法的），以後再讀摩西五經，並逐漸教孩子背誦祈禱文、箴言，學唱讚美詩。及長約至十歲則讀「米示拿」（Mishan，是有關律法的遺傳集），以後若再讀書就讀「他勒目」（Talmud，是猶太口傳律法，加上早期拉比的注釋所

---

[8]　西瑪的內容就是前述《舊約聖經》〈申命記〉第六章4~5節的內容：「以色列阿，你要聽！耶和華我們的上帝是獨一的主！你要盡心、盡性、盡力愛主你的上帝。」「西瑪」與新約之「信經（Creed）」或「我信」（Creed意即I believe，也就是「我信」的意思）有相同的性質。二者都是信徒基本信仰的告白，也都成了家庭教育的主要內容。

集成的法典）[9]；平日在家孩子們也得學習參與各種宗教禮儀，譬如：祈禱、割禮、守逾越節、守安息日、潔淨之禮、每餐飯前必獻感恩等。猶太家庭的親子關係十分密切，父母愛子女，子女也孝敬雙親（特別尊敬年老的人）。他們相當注重家庭共餐的時刻，用膳時（吃飯、飲杯）要先行祝福，並按照律法的限制選擇食物。[10]有趣的是，猶太人認為婦女學「妥拉」不適合，然而，父親或丈夫可以照著自己的意思，把「妥拉」教授家中的婦女。正是這種浸沉著濃厚宗教氣氛的家庭教育，使得每個猶太人家庭都具有極強的內聚力。使得猶太人儘管此後散居各地、被擄往異鄉，仍能繼續生存、發展，保持其傳統習慣、宗教信仰。

值得一題的是，猶太父母中，特別是父親負有推行家庭宗教教育的責任。從古以來，猶太人就強調父親在教導子女上所承擔的特別責任。原因之一是因為父親通常比母親具有較高的教育程度。此外，做父親的也必須在行為上作兒女的榜樣，使兒女容易在父親身上了解上帝「父親」的形象。在「十誡」中第五誡的內容是「孝敬父母」，為什麼要孝敬父母？因為尊敬父母便等於尊敬上帝在世上之代言人，父母有教導兒女忠信守約的責任，讓信仰可以世代相傳。信仰上之教導要求受教者有尊重和尊敬的態度。因此，第五誡的深層意義代表了應該將對上帝的信仰傳遞給子子孫孫。

2、House Church的過程

當教會開始時，很多人信耶穌都是全家相信的（〈使徒行傳〉十：7，24；十六：31~34）。初代教會基本上是以「家庭教會」作為聚會場所：保羅努力讓「全家歸信」，然後以此家庭為聚會場所，他旅遊到此城市時，便住在該處（或輪著住各家庭教會），有

---

[9] Gundry, Robert Horton, A Survey of the New Testament, (Michigan: Zondervan Publishing House, 1981), 52

[10] 賽妮亞著，《猶太家教智慧》，臺北：智富，2007，頁31。

時會由其家主人陪同傳教，或向該家庭教會成員募款幫助其他教會（耶路撒冷）。《新約聖經》多處設有家庭教會，最有名的應該是亞居拉、百基拉夫婦中的家庭教會，他們以織帳篷維生，曾在真理上指正亞波羅（〈使徒行傳〉十八：24~26），也曾與保羅同工（〈羅馬書〉十六：3-5；〈哥林多前書〉十六：19）。尚有老底嘉的寧法家裡的教會（〈哥羅西書〉四：15）、腓利門家的教會（〈腓立門書〉：2），以及供門徒聚集的馬可樓（〈馬可福音〉十四：15；〈使徒行傳〉十二：12）。

使徒時代教會由於多受異教及政府逼迫，由使徒行傳1~2章，我們得知當時教會是以「家庭教會」的方式拓展開來；E. A. Judge主張初代基督教團體的領導階層應該是「大城市中具有社會顯赫地位的人」，而多數信徒也不是貧苦大眾或奴隸，而是羅馬式大家庭中的「依附成員」——他們不一定是自由人[11]，但享有安定感以及適度的經濟基礎。另一位耶魯大學的教授Abraham J. Malherbe也主張，在當時流動性大、無根的勞工、農人、移民流離充斥的羅馬城市裡，以「家庭」為基本活動單位的基督教會提供了「歸屬感」以及「好客」（hospitality）的人際網絡。[12]

3、宗教改革後「路德」與「加爾文」的看法
（1）馬丁路德的家庭宗教教育觀

宗教改革家馬丁路德特別強調父母應照聖經的教訓來教導兒女，他說：「相信我，教導你的兒女比溺愛你的兒女、為他禱告、囑他參加禮拜更重要。」[13]路德自己四十二歲成為父親[14]後，對父親

---

[11] E. A. Judge, "The Quest for Mercy in Late Antiquity." in *God Who Is Rich in Mercy: Essays Presented to D. B. Knox*, edited by P. T. O'Brien and D. G. Peterson, Sydney: Macquarie University Press, 1986, p. 107.

[12] Abraham J. Malherbe, *Social Aspects of Early Christianity*, Philadelphia: Fortress, 1983, pp. 92-112. 亦參Dodds, *Pagan and Christian in an Age of Anxiety*, pp. 136-138.

[13] 華納，《基督化家庭生活》，香港：輔僑，1966，頁138。

[14] 路德共有六個兒女，老大Hans漢斯，老二Elisabeth，八個月時夭折；老三Magdalena，又叫Lenichen小連那，是路德最愛的，卻在十三歲時去世；老四Martin馬丁，老五保

角色的想法有些改變。他以自己的父親身分為榮。路德說，「因神恩典，以及任命，父母成為父母，這是我的職分和榮耀，是由神命令的職份。」[15]對於父母的教導，路德認為「每位父母都是家裡的主教，家是教育的中心和基礎。父母為了能扮演教師的角色，自己必須明白基督教信仰，也必須解釋給孩子。」[16]「父母最偉大的工作是將孩子帶到神面前，因為拯救靈魂是神最喜悅的事。父母可以在孩子身上做一切基督徒的工作，當父母傳福音給孩子，就成為他們的使徒、主教、和牧師。」[17]

路德十分重視父母的教導，甚至等同於傳道人用神的道教導、責備人。如父母放棄這樣的責任，是一種「毀滅性的迎合孩子」。路德說：「父母如果用世界標準去取悅孩子，使他們沉溺於世界的歡樂、愛、財富、榮耀，而愛神的心卻沒有，沒有什麼比這樣做父母更危險的了。忽視小孩的靈性，是最容易使父母下地獄的方法。」[18]路德1534年在解釋詩篇一百零一篇時，說到父親要有權威，不要太迎合寵愛孩子。要用主的道教養，不要用肉體。如果說「孩子不懂」、「孩子不知道在做什麼」，那麼狗馬也不懂，但動物還會聽話、受教、受訓練。如果父母不教，等於犯罪，也承擔了孩子的錯誤。[19]他責備忽視孩子靈性的父母，說這是一種羞恥，因為「連動物都不會忽視自己所生的，像人忽視孩子的靈魂一樣。」[20]有的父母不但不如動物，甚至比謀殺者還壞，他說：「如果父母只顧孩子的身體需要，而謀殺了他們的靈魂，這樣的父母比

羅，老六瑪加列。見羅倫培登，古樂人、陸中石譯，《這是我的立場》，香港：道聲，1987，355頁。

[15] Martin Luther, *Luther's Works*. Vol. 23, *Sermons on the Gospel of St. John*. Ch.1-4 and 6-8, 321.

[16] Marilyn J.Harran, *Martin Luther: Learning for Life*. (Concordia Publishing House, 1997), 202.

[17] Plass, compiled. *What Luther Says*, Volume II: Parents, 907. #2836

[18] Ibid, #3244

[19] Plass, compiled. *What Luther Says*, Vol. I: Children, 139. #410

[20] Ibid., 1022. #3245

謀殺者不如。」[21]

　　父母有教導責任，但是應該教導孩子什麼？路德在生活中隨時教導，不只在課堂、也在飯桌上。他的《桌邊談》（Table talk）[22]內容包羅豐富，從全能的上帝，到易北河的青蛙，從教皇、政治，到豬、妊娠都包括在內。不過路德一向以聖經為最高原則，故父母應教導神的道，而非父母的或世界的道。路德說：「因為人與神的關係是個人的，人必須接受有關神的啟示的教育，父母必須注意孩子的靈性需要。」[23]路德在1528年訪問教區時，預備了包括十誡、信經、主禱文、洗禮與聖餐等的大小問答，幫助信徒學習神的道。他也以身作則，自己每天研讀，並以此教導兒女。[24]總之，路德認為家庭是建立教會與國家的基礎，家庭教育是學校教育的必要前提。所以所有的父母，每天都應抽出時間來教育孩童。在家庭教育中父母特別要起到表率作用，是正當局還要定期檢查、監督每個家庭的教育實施情況。[25]而當兒童成長到一定階段，就應將其送入國家開辦的學校接受教育。

（2）加爾文的家庭宗教教育觀

　　加爾文在1540年因被日內瓦放逐而旅居斯特拉斯堡時，娶了一位信主的寡婦伊德麗・布雷（Idelle de Bure）為妻。依德麗是個賢內助，在他遭遇橫逆時，不斷地鼓勵他，帶給他美滿的家庭生活。伊

21　Ibid., 1023. #3246

22　路德除了兒女之外，還有那些收容的人，撫養親戚的四名孤兒。他們利用選候把奧古斯丁修道院交給他們管理，以家庭作公寓，收寄宿學生，家庭成員多至25人。那些寄宿學生，視用膳時間為他們繼續受教育的好機會。而這些在餐桌上的教導便被稱為「桌邊談」。《桌邊談》是他的學生在他死後選錄，分類並印成一本便於翻閱的作品，一共有六千五百九十六個條目，是他的著作中較為著名的。

23　Harran "The Contemporary Applicability of Luther's Pedagogy," *Concordia Journal*, 319.

24　路德鼓勵作家長的，至少一週一次考察兒女基督教教義；他自己以身作則，每天念主禱文、信經、十誡和詩篇。見《這是我的立場》，411頁。

25　馬丁路德，〈給事長、市政官員的書〉，收錄於吳元訓編，《中世紀教育文選》，北京，人民教育出版社，1989，頁660~718。

德麗嫁給加爾文時，還帶來兩個與前夫所生的孩子。加爾文重返日內瓦時，伊德麗也隨著遷居到日內瓦。1542年七月，伊德麗為加爾文生下一個未足月的男孩。可惜的是，加爾文的獨生子，只活了幾天，就離開人世。[26]從此，加爾文再也沒有親生的孩子。1545年，依德麗染病，延醫仍無效，卒之於1549年三月病故。依德麗的過世帶給加爾文極大的打擊。[27]加爾文身為兩個孩子的繼父，忠實地履行妻子臨終的託付，愛兩個孩子——雅奎斯（Jaeques）和猶狄（Judith）——如同自己親生的孩子。他深愛自己的妻子，也毫無偏心地愛護她和前夫所生的兩個孩子，樹立了基督徒家庭模範的榜樣。

在其《基督教要義》中並無特別提到家庭宗教教育的記載。主要可見其於卷四第十六章有關「嬰孩洗禮」的合法性內容中。在這部分，信主父母的嬰孩有資格受洗禮。他們能受洗禮因他們也在神的約以內。從有史以來他們就被認為在恩典之約中有地位。因此在舊約中也給嬰孩施割禮。加爾文認為洗禮已經代替了割禮（〈哥羅西書〉二：11~12），況且，基督已表示他對小孩子的愛待，給他們祝福。彼得在五旬節的時候，叫聽眾確實知道兒童在恩約社會中有相當的地位（〈使徒行傳〉二：39）。加爾文對受洗兒童的父母說：「如果你真的認為上帝的慈愛延及我們的孩子，認為這確是

---

[26] 加爾文答複朋友威勒特（Pierre Viret）的慰問信時，在信中這樣說：「我的妻子要我謝謝你的關懷和慰問。我們確實為了我們的嬰孩的死亡，內心深感悲痛。但我們的父神，對於什麼是有益於他的兒女的，知道得最清楚。」見Hillerbrand, H. (ed.) The Reformation: A Narrative History, Related by Contemporary Observers and Participants. Grand Rapid: Baker, 1972. p.170-211

[27] 加爾文在心愛的妻子病逝之後，再寫信給威勒特，向他傾訴自己悲痛的心情：「你知道我的心是何等的脆弱。我若不是壓制自己，實在不能持久地忍受悲痛。我的痛苦，並不是一般的。我已失去了終身最好的伴侶——一位與我生死與共的伴侶。她是命中注定要作我的伴侶的。她在世時，是我在教會事奉上忠實的助手，在服事主方面她從未攔阻過我。在她生病的整個過程中，她也從未麻煩過我；但是她關懷孩子們的心，遠比關懷自己的病況更甚。所以在她病逝前三天，我告訴她，我一定要對她的兩個孩子，盡撫養、教育之責。」在她去世十週年時，加爾文在懷念她的一段文章記載著：「她在世時是我事奉的好幫手，我常因懷失一生最好的朋友而傷感」。從字裡行間可窺其夫妻恩情之深。見The Reformation: A Narrative History, p173.

上帝的應許，就有責任把孩子帶到教會中來，為孩子打上恩典的印記，我們親眼見到上帝的聖約刻在我們孩子的身上，就使我們自身更有確信。」「你的孩子和你同樣有神的應許，所以你應當盡全力教導他成為神的孩子。」[28]他也舉出保羅在〈哥林多前書〉七：14重申兒童因與父母的關係而成聖：「正如保羅在聖經中所宣告的那樣，猶太人因著他們的父母成為聖潔，他在別處也教導說，基督徒的子女也同樣因著他們的父母成為聖潔。」

因此，整理加爾文的看法，可以發現孩童應從小藉由「聖禮」與《聖經》，灌輸並培養其基本的宗教信仰。同時身為父母，應當藉由「聖潔的生活」成為子女最好的身教，讓子女也得以成為聖潔。

三、個案研究與分析

在這部分我將舉出五個積極進行家庭宗教教育的基督教家庭，並針對這五個案例加以分析。前三個分別是從網路分享經驗以及《臺灣教會公報》2009年「家庭祭壇」主題中所介紹的案例選錄出來；後兩個則是我所知道並訪問的教會教友案例。第一個案例是在彰化，第二個則是在臺北。

（一）幾個家庭宗教教育之案例

1、洪聰豹長老的家庭祭壇[29]

高雄華忠長老教會的洪聰豹長老，自祖父時代開始，家裡就進行著家祭壇，至今已經邁入第五代。他深刻地體會到，藉著這看似規律如常、每天一個小時的靈性充電所累積起來的，往往是種可觀的信仰力量。

---

[28] 摘自《基督教要義》電子版：http://gez9s5qi.hp.infoseek.co.jp/Christian/chap416.htm

[29] 參考並節錄自網路文章：家庭祭壇是一種生活習慣－洪聰豹長老的家庭祭壇，http://www.wahas.com/archiver/?tid-766553.html

每一天晚上時間一到，洪長老就敲響了一聲鐘「噹～～」然後所有家人就陸陸續續的聚集在一間大書房內。通常家庭祭壇的的形式很簡單，一個鐘頭輪流唱詩、祈禱及讀經，當然還會加上各自分享生活中體驗，是如何地對應出聖經的教誨及故事。有時成員也會提出自己或身邊親友特別需要代禱的事，然後大家一起為此事代禱與祝福。在進行家庭祭壇時，並沒有特別選用其他的屬靈書籍，但是會準備一本相當完整的聖經釋義，裡面有詳盡、精闢的經文解讀及相關背景等研究釋義，通常都常可以滿足某些讀經上的疑惑，以及獲得更詳盡深入的知識。考慮到孩子們在課業上已經有不少需要須備的功課，因此，洪長老特別是當孩子們發表自己對某段經文的意見，而該意見竟能與釋義本內的內容相仿時，往往讓學習中的孩子更有成就感。

　　為了讓每位成員都能有紮實的學習以及適度的參與感，解經內容往往是以小孩子可以理解的為準。且採輪流主理的方式，讓每個人不論大小都有機會訓練自己的信心及膽量；也就是說，祭壇中每一個成員都曾經是家中最小的主理者，從小學一年級開始就被「訓練」。

2、顧美芬的家庭祭壇[30]

　　我家有檔連續劇，「聖經」是劇本，一家之主是旁白，一家老少是觀眾，其中歡笑一籮筐，在此與您分享。最近一直在念列王記，每天幾乎都會出現一句：「某某王做以色列王○○年，他行耶和華眼中看為○的事。」起初幾次，孩子們還會猜是惡的事，還是正的事，幾次以後，他們知道，北國叫以色列，以色列沒有好王，所以一定是做「耶和華眼中看為惡的事」，這個填充，大至八十多歲的爺爺，小至八歲的老么都會了。

30　參自網路文章：家庭祭壇可以很有趣，http://talk.art7-11.com/cgi-bin/topic.cgi?forum=20&topic=10&show=0

先生是教書先生，不忘機會教育，「因為他不離棄尼八的兒子，誰，教以色列人所陷的罪阿？」孩子們弄不清耶羅波安，羅波安，剛好那天喝蘿蔔湯，從此就記得了。

有一次念到有人叛變，約蘭王急忙奔逃說：「反了！反了！」先生問，這是什麼意思。老二剛好下午被我們責備不要在大廳因好玩而反著走路，以免撞到人，所以他就說：「他跑反了！」令全家噴飯。

念完一段，我們會背一段聖經。這個寒假，三年級的女兒已可以在電腦上打出「使徒信經」，「主禱文」，貼在冰箱上，每天背一點。我們會簡單解釋，或提些討論。孩子常常發表高論，有時問出千古大問題，像進化論有什麼錯？其實孩子要的，不是完美的父母，而是誠實有成長的父母，因此我們不怕說不知道，也不用萬事通的口氣回答，因為在神和聖經面前，人只能有一種態度，就是謙卑。我們學習從孩子眼中來看信仰，在一問一答中，聖經的價值觀漸漸被建立，這似乎是基督徒父母責無旁貸，卻已被遺忘的奢侈品。

每天十分鐘，創造了我家的傳統。當然唱詩敬拜，一起禱告也都是家庭祭壇可做的。翻開這本記著，「凡我所吩咐你們的，都教訓他們遵守。」的大使命的聖書（聖經），家中的小羊恐怕是我們最常忽略的第一批門徒了。孩子們不見得只能被電視電動吸引，當他們沒有別的，才只能拿吃不飽的垃圾食物充饑。慈愛牧人的聲音，也許就是家中做媽媽的說：「孩子們吃飯囉！」做爸爸的說：「念聖經連續劇囉！」

3、代代相傳──黃高明、李靜華牧師夫婦的家庭祭壇（李靜華口述，哀玉梅採訪）[31]

記得當我還很小的時候，父母每天晚上都帶我們全家人做家庭

---

[31] 節錄自〈臺灣教會公報〉第2907期「家庭祭壇」版。節錄自「臺灣基督長老教會總會」網站之信仰分享版：http://gospel.pct.org.tw/AssociatorArticle.aspx?strSiteID=S001&strBlockID

禮拜。……在我小小的心靈裡，每天都很期待家庭禮拜。我們家共有九個小孩，當時除了兩個哥哥年紀較大已出外讀書，另外再加上表哥表姊們，父母親便每天帶著我們這群孩子做禮拜。禮拜中，父母教我們唱聖詩，並講聖經故事給我們聽，雖聽到都知道結局了，我們還是百聽不厭。偶爾父母還會考我們，答對者有獎。我常為了得獎，或換取一顆糖果，總是認真聽、認真學，也因此奠定了我對聖經的了解。

回想起母親的教導，我深深體會到，宗教教育最重要的是要從家庭開始，而不是等到上主日學時，才將孩子的信仰交給主日學老師；當孩子還小便給予信仰造就，當讀經禱告、敬拜、感謝，成為生活習慣時，兒女們必能一生走在主的道路上，永不偏離。

結婚之後，因外子黃高明是牧師，牧會生活繁忙，加上四個孩子陸續出生，我們的家庭祭壇因而中斷了一陣子。後來，我和四個孩子一起參加聖經公會舉辦「一年讀完一次聖經」的活動，每天皆按著進度讀經。孩子有時會抱怨功課太多，或露出不耐煩而不想讀經，我便告訴孩子：「這是我們跟上帝約定好的，你喜不喜歡，上帝都在看喔！」鼓勵他們要努力堅持、每天讀神的話。偶爾，我會帶著四個孩子們到高雄大統百貨逛逛，藉此嘉獎他們。就這樣，我們果然在一年內讀完了一整本聖經，每個人也因此都得到由聖經公會贈送的紀念聖經，感到意義非凡。

除了讀聖經，我們也教孩子背金句。我們採用「接龍」的方式來背金句，每個人輪流背，一個接一個，選背自己熟悉的經節；若是接不上，輸了就要被罰表演；若是背得好的，我在發點心時，便會多給一份以茲鼓勵。這個背金句的接龍遊戲，常常讓我們玩得不亦樂乎，從孩子還小，到現在他們都成年了，我們仍樂在其中。像今年暑假，我們從高雄開車回臺東老家，一路上全家人在車上玩著

=B00007&strContentID=C2008030500012&strDesc=Y&strCTID=CT0014&strASP=default

背金句接龍，既快樂又能打發時間，真是感謝上帝。

2003年，外子從牧師的職分退休後，我們重新築起了家庭祭壇。每天吃完晚餐後，就是我們的家庭禮拜時間。除了第三個女兒目前在國外求學外，其他三個女兒跟我們同在，也參與其中，哪怕只剩下我們夫婦兩人，還是照樣舉行。每天半個小時，我們一起同心禱告、唱詩、讀經、分享並代禱，除非不得已才會暫停，全家人已經習慣，晚餐後就是要團聚敬拜的時間。我們讀經的方式是，一天舊約一章（從創世記開始），一天新約一章（從馬太福音開始），大家輪流唸並分享，若遇到難以理解的部分，就各自提出見解，最後由外子歸納。聖詩則是從第一首開始唱，遇到不會唱的，就先一起唱譜，再唱歌詞。無形中，我們每首聖詩都會唱了。

互相代禱的時間則是全家人輪流開口禱告，也因此更了解彼此在生活中遇到的事。我從中看見，無論大事小事，孩子們已學會緊緊仰望神。而我的女兒也說，小時候覺得我們好忙，好像愛會友比她們還多，後來終於明白，原來做傳道人是如此的辛苦，因此讓她們更懂得敬重及疼惜牧者。

每次在家庭禮拜結束前，我們都會同心宣告並大聲歌唱詩歌〈得勝，哈利路亞〉，但願我們的家庭祭壇能延續下去，正如女兒的禱告：「希望把這好的信仰，代代相傳！」

4、教會成員訪談紀錄（1）

在我所住的社區中有幾位基督徒，其中一位是附近教會的長老，他們家一直都保持著每週一次家庭禮拜的習慣。在聊天中他也分享了自己的經驗。他認為「基督化家庭就是全家人參與教會，作禮拜，有共同的信仰。信仰若沒有從小就教導，到長大的時候就很難再拉回來，不管我週間多忙、要出國洽公，週六、日一定會回來帶孩子一起上教會。」至於與家中成員的關係，這位長老相當開

明：「我們教養孩子是採用民主式的教育，因為我不希望用高壓逼迫或打的方式來教他們，我常站在輔導者的立場，來和孩子溝通，同時也透過民主化、開放的態度來幫助孩子。……我也很注重是非觀念，所以從小就教導孩子明確的是非觀。……另外我希望給孩子空間，從小我就訓練他們獨立，可以自己安排時間，安排自己要做的事情。」「我覺得有一個很重要的點是父母親要有共識，在教養孩子的觀念上要一致。」

對於在家中實施家庭禮拜的經驗，他頗為得意：「我們在家裡會舉行家庭禮拜，我最小的孩子（國小四年級）非常喜歡，在禮拜當中我們讀一段經文，然後就分享、禱告，剛開始希望每天都能有這樣的時間，後來改為一週一次。」後來因他的工作忙碌，加上他的妻子從小因為被強迫參加家庭禮拜，所以對家庭禮拜的經驗很不好，之後家庭禮拜的方式就有所改變。「我就一週一次帶孩子出外聚餐，和孩子談一談，有時分享我的工作現況，有時孩子會分享在學校遇到的困難、點點滴滴，有時會談信仰的問題。」「除了聚餐之外，在生活中當孩子犯錯或孩子有信仰的問題時，我們都會和孩子一同討論和禱告，同時也藉由教會來幫助孩子們。」

「我常告訴孩子說：要會讀書也要會玩，但是我發現孩子都很喜歡看電視，尤其是那些綜藝節目，我覺得那些一點也不好看，而且沒有正面的教育意義，但是孩子就是很喜歡看，而且看的時間都很久，在這一點上我們還在溝通當中。」

5、教會成員訪談紀錄（2）

在筆者服務的教會，有一個持續舉行「家庭禮拜」的家庭。兩個夫妻與兩個小孩四口之家相當和樂。夫妻每週都會來聚會，兩個小孩也會來主日學，她認為所謂「基督教家庭」便是：「全家信主，也就是全家有共同的信仰，家人都有到教會、參加團契，這也是我從小的印象，覺得基督化家庭應該是這樣子。」

對於家庭中舉行家庭禮拜，她說從剛結婚時便持續到現在：「結婚沒多久我就懷孕，兩個孩子接連出生，結婚前五年我們會一起讀經禱告唱詩歌，在特別的節慶或遇到特別的困難時，我們一定會來到上帝面前同心禱告。而夫妻之間也各自有靈修生活，我們也一起到教會敬拜上帝。」等到孩子漸漸大了，因為忙就調整時間。她說：「我們每週有一次在家裡舉行家庭禮拜，也好像是家庭會議可以一起生活分享、唱詩歌，剛開始我們用禮拜天晚上一小時，後來因為很忙就改為半小時。」

藉由家庭禮拜，增加了孩子與父母的互動，也讓孩子變得成熟：「先生在去年因經濟不景氣而受到無薪假波及，我們就利用家庭禮拜的時間跟孩子分享爸爸遇到的困難，邀請孩子為父母禱告，增加家人的信心，設祭壇在家裡，相信一切的難處上帝必垂聽。因此，每週的家庭禮拜反而成為我們最佳的親子溝通管道。」她也提到藉由家庭禮拜孩子所得到的：「孩子比較會關心人，女兒曾告訴我她的同學父親生病送急診，邀請我為她的同學父親代禱。」因為在家庭禮拜時會操練孩子學習禱告，所以他們在考試時會禱告，參加團契也敢帶領大家禱告。

她也提出在實施家庭禮拜時的實際困難：「在長老會的教會有一個困難就是語言問題，因為孩子聽不太懂臺語，所以在家我都跟孩子講臺語，老大已能接受，老二就在適應中。」「孩子有時會耍性子，而我自己有時情緒也不好，像是工作很累，回到家答應要講故事給他們聽，但我自己就睡著了。我希望每天都能講故事給他們聽，但他們有時功課都做到很晚，我也已沒有體力了。」

（二）分析與綜整

在這四個案例中，我們可以看到幾個有推行「家庭祭壇」的基督教家庭幾乎都相當肯定進行家庭宗教教育對於家庭教養、子女品格養成以及親子互動的直接貢獻。我簡單整理要點如下：

1、基督教家庭是在教會及在家庭中皆有基督教信仰的表現，如：全家一起到教會作禮拜、參加團契等，在家裡則有一起作家庭禮拜的時間，且有言行合一的見證。

2、基督教家庭的父母大多能以民主、開放的溝通模式，建立親子的互動關係，而聖經和禱告也成為親子溝通的最佳橋樑。

3、基督教家庭宗教教育方式與內容有：每日或每週舉行家庭禮拜、在接送孩子的路程中與他們分享、每天早上和孩子一起禱告等，並且在信仰上成為孩子的典範，做孩子的靈性導師，與孩子有良好的互動關係，在潛移默化中奠立信仰的根基。

4、現代家庭面臨實施家庭宗教教育的問題，包括：但父母大多能想出方法嘗試來克服這些問題，如：電視的問題、孩子的補習問題、父母親的教養觀念不一致、語言的問題、父母或孩子的情緒影響、孩子能否主動建立靈修生活的問題等。

5、基督教家庭大多期待家庭宗教教育能夠成為一種「家族習慣」，甚至成為代代相傳的傳統。

6、以教會牧長或幹部的家庭來看，其原生家庭或牧會經驗對其本身的影響頗大，他們大多認為父母若有好的信仰，常帶領孩子來到教會敬拜上帝，在生活上也有好的見證，孩子自然會從父母的身教中看見信仰、體會信仰。

四、進行家庭宗教教育的基本原則與核心概念

在前言部分，我簡單提出了臺灣與外國學者對於家庭教育的諸般定義，從這些定義之中，我們可以整理出今日家庭教育概念的演進方向。因此，我認為在尚未開始討論家庭宗教教育的模式與重要特色之前，有必要先提出今日家庭教育概念的演進方向：①從認

為家庭教育就是家庭內部的私事，發展到家庭教育是關乎全社會的事情；②從認為家庭教育是一個封閉的系統，發展到家庭教育必須與學校教育、社會教育相聯繫和合作；③從認為家庭教育就是家長（父母大人）對於子女的教育，發展到家庭成員之間的互相教育和影響；④從認為家庭教育只是對學前孩子的教育，發展到終生教育，所有家庭成員在各個年齡段都受家庭教育；⑤從認為家庭教育的任務就是學習生活技能、處理家庭人際關係，發展到在各個方面促進家庭成員的身心健康和全面發展。而這些也是我提出家庭宗教教育基本原則的思維方向。

（一）進行家庭宗教教育的基本認知

我在前言已經提到自己對於基督教家庭宗教教育的理解，是「基督教家庭的信仰教育」。也就是說，在「家庭」的這個關係網絡中，教導者（常常是家長）藉由各種可使用的內、外部資源（或許是自己的信仰知識、家族傳承，或者是所屬教會團體的牧長、友人等），建立被教導者的基本信仰認知、道德價值、宗教態度等等。黃迺毓（1999）曾提出家庭教育的幾個重要特點，我個人覺得相當有道理：

1、家庭裡的倫理是一種社會系統：父母和子女的關係是動態的、互動的、彼此互相影響，這種家庭倫理是基本的社會系統。

2、家庭教育的目標因人而異：社會和家庭是互動的，而社會變遷和家庭改變也是互為因果循環的，從農業社會到工業社會，再到目前的資訊社會，社會急遽變遷影響家庭教育目標，也影響父母的價值觀。

3、父母的角色是發展的：父母的角色扮演，隨孩子年齡成長而改變：教導子女的方式亦隨孩子的成長而改變。

這三點是我們要建立適當的家庭宗教教育時需考慮的要點。

父母與子女的關係應是雙向的模式（bidirectional model），不但父母可以影響子女的認知與行為，子女也會影響父母的認知與行為，這種互動關係可稱為是一種社會互動系統，因此家人可以彼此激勵。特別是在信仰知識的建立上。當然，家長一直被賦予「家庭祭司」的角色，但是常常子女在信仰生命的「領受」（或可以說「領悟」）反而不輸給父母。其次，除了親子之間的關係是雙向互動之外，社會和家庭也是互動的，社會變遷與家庭改變互為因果。家庭宗教教育所形塑的價值觀決定孩子如何面對這個社會，但是往往社會強勢的價值觀也可能改變家庭的教養價值。[32]從信仰角度來看，父母不再是生命疑惑的答案提供者，甚至他們也無能提供解決問題的方法，父母能做的就是培養孩子面對問題、解決問題的「能力」。而這種能力並不是在某個階段就能具備的，父母也必須不斷增進信仰能力的培養，此時「教會」就扮演相當吃重的角色。也因為父母也在適應社會，不斷學習，所以父母必須隨時調整自己的角色。事實上，父母本身也是發展中的個體，隨著年齡增長，對自己及子女的看法也應改變，更應學習扮演子女不同階段的父母。

而除了這三點之外，還有兩個相當重要的趨勢必須注意：第一個就是宗教的多元化也可能在家庭內發生。先不論子女有「改變信仰」的可能，至少該如何教育子女以適當的態度面對其他宗教，便是現在父母的一個重要課題。所以父母在宗教知識的持續成長變得相當重要，也因此父母也必須不斷進行宗教教育，必須與教會有更多連結。

---

[32] 舉例來說，以往的父母比較清楚子女長大後要面對的是什麼樣的社會，需具備那些能力，因此教育孩子有明確的目標。現今一般的父母對於子女的教育卻有一種不確定感，也懷疑如何才是稱職的父母。今日的父母幾乎無法教子女如何去適應未來的社會，因為社會的變遷快速到往往令人無法預測，但是家庭仍須幫助孩子社會化，父母必須教導孩子培養適應種種變化所需的能力，也就是培養子女解決問題的能力，而不是教他解決問題的方法。

從這一點帶出了第二個趨勢，父母對宗教的理解與追求的態度應比過去積極。事實上，家庭信仰強而有力的影響著子女，或許雖然子女並非完全依從家庭的信仰，但父母的信仰模式與態度對子女信仰的持續有極深的影響——子女的離開信仰幾乎都與父母的信仰冷漠不熱心有直接關連。父母的「身教」（上教堂的頻率、教會認同的強度、信仰語言的使用、道德教導與其行為的合一程度等等）可能才是家庭宗教教育的最重要媒介。

（二）教會與家庭宗教教育的配合與延伸

　　基督教教育最重要的兩個具體傳達場所，就是教會和家庭。二者在傳播基督教教育的內容上，占著同樣重要的地位。因為，在教會和在家庭的受教者正是相同的人，基督的真理自然不能矛盾地同存於教會與家庭的生活中。家庭中的基督化教育，必然由教會的基督化教育延伸而來。因此，就基督教的家庭宗教教育而言，是必須家庭與教會共同合作，致力完成宗教教育的使命，使基督教教育這個「工具」發揮其最大的功能。

　　Bronfenbrenner（1979）認為影響人類發展的因素不僅包括直接性接觸的家庭互動及家庭環境，尚包括了廣大的社會及文化。他將這樣的體系分為小系統（microsystem）、中間系統（mesosystem）、外系統（exosystem）及大系統（macrosystem）四個層級。如果按照Bronfenbrenner的理論，家庭教育必須因著家庭的小系統型態（單親、雙薪、隔代……）、中系統的連結（家庭、教會與學校）、外系統（社區政策、職業）及大系統的意識或文化而有著不同的思考方向。那麼「教會」對於信徒的直接影響，以及教會與家庭之間的互動，就是讓人得以成熟發展的重要因素。

　　孩子們在社會化學習過程中，需要對外在世界的信任與安全感；較多的自由嘗試錯誤和接觸外在世界；以及人際關係的溝通能力與技巧。家庭中，能夠滿足孩子們此三種需要的，就是父母。但

是由於個體的社會化歷程是終生的過程，非一朝一夕可完成；作父母的，雖已成年，也未必能夠自信地認為已達圓滿的境界。因此，父母的信仰認知由教會供給。教會提供父母宗教教育，協助父母在人格發展方面，強化自我的認識，釐清父母角色的扮演。因此，教會在家庭宗教教育中，就必須扮演更積極的角色。例如：協助建立「家庭祭壇」的資料、教會牧長在講道中強調家庭親子價值得不可替代性、更注意並加強「全家歸信」運動、提供更多親職教育的成長機制（如刊物的購買推廣、親職教育專家演講）、在全齡主日學中都能進行「門徒訓練」（包括司會、分享、宣揚等）。

我們知道，單一的個體或家庭，難以抵擋社會巨大的壓力與衝擊，必須結合眾多的家庭，匯成一股力量，教會就是許多家庭的組合。當幼兒接受洗禮時，是全教會信徒一起作見證，換句話說，全教會的父母都是教會內孩子的「教父」與「教母」，都負有提醒與教導之職。所以，不只教會的牧師應協助各家庭父母的宗教教育，各個家庭更應彼此聯繫，形成強固的親職教育支持系統。

（三）家庭宗教教育與全人教育

「全人教育」（holistic education）有許多不同涵義，共同點是以教育應使一個人的道德、情緒、身體、心理與靈性等方面都獲得平衡的訓練與成長機會。（劉昶興，2008¡G23）基督教的角度來看，「全人教育」就是透過教與學的過程，幫助人在「德、智、體、群及靈性」方面不斷成長，也就是便是藉由「神－人」關係之建立了解並建立「神聖事物」與我的關係，並由此去衍生出「我－人」、「我－社會」之對應關係，同時建立一種自我價值觀與生活美感。更進一步全然開顯自己之本質，突破社會之限制，而達到不斷的超越。[33]

---

[33] 朱南子，《全人教育——活出完整的生命》，臺北：曉明之星，2000，頁38。

上述的「全人教育」都還是在「橫向」的面向，我更進一步認為所謂的「全人」包含了「縱向」的面向，也就是「全人生」的所有階段。[34]馮勒（James Fowler）曾經就一個人的信仰發展模式提出「信仰成長學說」。他的學說共將人生分為七個階段[35]：

階段零	0-4歲	信仰靜止階段
階段一	4-8歲	直接投射式
階段二	8-12歲	神話－字面式
階段三	12歲以上	認同群體的信仰
階段四	18歲以上	個人－反省的信仰
階段五	30歲以上	整合的信仰
階段六	30歲以上	普世性信仰

（表格來源：吳梓明，〈從西方教育及心理學理論完品格塑造與培育〉，頁62）

從馮勒對人生階段的分析，信仰是會隨著人們和環境對個人的互動所造成的影響而改變，因此它就成了一個人心靈中主觀和客觀的認知，也是一種終極關係的維護，所以宗教教育就必須在每個人生階段裡都扮演塑造、指引的角色。

劉昶興認為宗教教育相當符合全人教育的精神，它表現在三個主要方面。第一，宗教做為一種人類社會所創造的文化，宗教的宇宙觀、價值觀、人生觀、社會互動的模式等都影響著人類社會生活的各方各面。因此，在追求不同知識與各類能力之統整性的全人教育理念下，對宗教的認識當然也是重要的課題。其次，宗教所包含的價值觀與宇宙觀往往是提供一個人對於人與自己、與他人、他物

---

[34] 從《聖經》的觀點可以得到佐證：舊約〈撒母耳記上〉二：16：「孩子撒母耳漸漸長大，耶和華與人越發喜愛他。」在新約〈路加福音〉二：52~53：「耶穌的智慧和身量，並上帝和人喜愛他的心，都一齊增長」。兩段經文皆表明人的成長是漸進的過程，屬動態的，從過去到現在及邁向未來。正如新約〈以弗所書〉四：13所言，人要不斷成長，直至長大成人，滿有基督長成的身量，即達至完全長大的人。

[35] 吳梓明，〈從西方教育及心理學理論完品格塑造與培育〉，《山道期刊》第一卷第一期，1998，頁62。原稿可參James Fowler, *Stages of Faith: The Psychology of Human Development and the Quest of Meaning*. San Francisco: Harper & Row, 1981.

及至整個自然等互動關係的準則與行動方法。故而全人教育需要宗教教育提供如何與世界宇宙、天地人我相處的倫理原則及具體可實踐的道德行為。第三，全人教育關懷身心靈的成長，其中靈性的層面與宗教最相關。宗教可以指引人對靈性世界之探索並具提升靈性層次的作用，因此，當全人教育談到靈性面向的成長時，宗教教育被當做能夠提供一種靈性境界的模型以及助人達到靈性的超級境界之途徑而被引進全人教育中。[36]從此可見，既然是「全人教育」的的內容包含了靈性成長的向度，同時各層面的成長都包括了人生的各個階段，因此從全人教育的角度來看，「家庭宗教教育」有其存在的不可取代性。

（四）一個輪廓的勾勒

綜整了上述所有的概念與說法，我們可以試著用幾個要點來勾勒一個具體的「家庭宗教教育」的具體輪廓：

1、家庭宗教教育首先要強固家庭價值與家庭成員的融合

教育目的在求受教育者各層面的整合，而家庭教育就是在求家庭核心價值的建立以及家庭成員之整合。因此，家庭的宗教教育的主要功能，便是要促進家庭的團結與和諧，同時傳遞家庭核心價值（或可謂「門風」）與信仰傳統。

2、家庭宗教教育之構成面向應該涵括教會的教育資源與元素

所謂的教會的教育資源與元素包括：教會牧長對於信仰知識的教導、相關親職知識的傳遞、教會各學習機制（包括各級團契、全齡主日學、小組等）的協助、建立家庭崇拜資料（例如讀經表、簡易講章、靈修小品等）的提供、教會內成員彼此之間的互動與支持等。

---

[36] 劉一蓉、吳昶興，〈基督教教育與臺灣宗教教育發展的願景〉，《臺灣浸信會神學院學術年刊》，2008，頁23~24。

3、家庭宗教教育的對象不應只是孩童，而應該涵括家庭中所有成員

個體的社會化歷程是終生的過程，因此家庭宗教教育更是一種遍及家庭各成員的學習模式。按馮勒的理論，信仰是會隨著人們和環境對個人的互動所造成的影響而改變。也因此，不同階段的成員其學習內容必有所差異，而且依著不同的家庭相處模式，家庭教育的實施可以有多重方式、並兼顧多種功用。

4、家庭宗教教育的目的在於協助個人，依其特質建構一個完備的價值體系與生活態度

從「全人教育」的觀點，家庭宗教教育應幫助人在「德、智、體、群及靈性」方面不斷成長，也就是便是藉由「神－人」關係之建立了解並建立「神聖事物」與我的關係，並由此去衍生出「我－人」、「我－社會」之對應關係，同時建立一種自我價值觀與生活美感。而其核心不啻便是導引其自我特質與潛能，讓其建立一個賴以理解並詮釋世界的價值體系，同時藉由與所有事物建立適當的對應關係，進而建構一個良好的生活態度。

5、家庭宗教教育的內容應以經典為核心，以具體的生活體驗與社會事例作為教導內容

無論是從聖經的內容、教會歷史的發展或是教會先賢的教導，都特別調基督教家庭宗教教育內容的核心便是《聖經》。並藉由各種不同的導引方式——包括說故事、展演，更好是以實際的行為與社會事例，來讓受教導者能更樂意思考並深刻認知《聖經》中的各種核心價值與教導。

6、家庭宗教教育應營造一個家族式的宗教崇拜氣氛，並形構一個開明而確定的家族信仰傳統

雖然會強調各式各樣的家庭宗教教育模式，但是最正統的還是建立「家庭祭壇」──也就是「家庭禮拜」，換個方式說就是營造出一個「家族式的宗教崇拜氣氛與模式」。這是為了協助家中所有成員建立與上帝的關係，並能銜接其在教會的「團體崇拜」模式。因此，家中成員聚集並一同禮拜是必要的，它不但具有宗教性功能，也具有教育、凝聚向心力、溝通與分享等功能。同時，也可藉此討論出一個「開明而確定」的家族信仰傳統，讓家中成員得以明白如何以正確的觀念與態度面對社會多元宗教。

五、結論──個人經驗的分享與反省

我和太太有三個小孩，老大今年要上國一，老二要上六年級，老三剛剛要上國小一年級。有人聽到我有三個小孩，一般都會好奇我們夫妻如何分配時間來照顧他們。事實上，他們全都不是我們夫妻所照顧的，都留在彰化讓我母親照顧（原來我父親是教會牧師，2004年退休，2005年過世）。週一~週五我必須教書研究，週六~週日有教會牧會的工作，所以大約只能找某些週間假期回去看望父母子女；我太太現在在麻豆真理大學上課，所以連我們夫妻都是聚少離多。許多人都告訴我小孩子要自己帶，才會比較親、才會聽話，我自己也知道。所以有時候會很擔心以後小孩子和我們不親、管不動他們，甚至有時候我常常在焦慮：這樣的日子我還要過多久？和子女兩地相思（有可能是我單相思）的情形何時才能結束？在這樣的情形下，我能給孩子們什麼？

可是我發現我太太好像比我還不緊張，她講了一句很重要的話讓我很安心，她說：「小孩子在阿媽的培養下，都在教會長大，都

是有信仰的人，有信仰的人你會擔心他不孝順嗎？有信仰的人你會擔心他以後不學好嗎？」是啊！現在的我暫時是無法改變現狀的，我的焦慮又有什麼意義呢？我父親是牧師，雖然現在已不在了，但是小孩子從小在教會中成長，建立信仰、參與團契、學習服事，現在也同樣進出教會，豈不比我現在緊湊而壓力大的生活愉快嗎？現階段我能做的，不就是繼續支持他們信仰的成長，繼續培養他們對教會的參與嗎？

當然，我和太太一定會面臨親子價值觀差異的問題，我們與孩子之間生活的碰觸與磨合是必然要付出的代價。但是感這也讓現在的我不得不一直學習並持續作心態上的調整：孩子一定要接受我的觀念嗎？他們一定要將我對他們的期待視為絕對嗎？我能不能放下「父親」的自我與自尊，尊重他們，親子一起來營造屬於我們這個家的遠景與規劃？

我愛我的孩子，有時接到他們的電話我都會熱淚盈眶，但是我感激我的父母親，因為孩子生活面該堅持的品格他們都有堅持，信仰面該建立的他們都有要求；現在的我只需不斷支持他們的學習、關懷並瞭解他們的成長，同時在信仰中不斷調整自己的心態，我相信我們一直都是在一起的。

六、參考資料

（一）參考書目

彭海瑩編（1989），《基督徒的家庭觀--兩代之間與親子關係》，臺北：新生命雜誌。

中華民國家庭教育學會（2000），《家庭教育學》，臺北：師大書苑。

王連生（2000），《親職教育-理論與應用》，臺北：五南。2000

朱南子（2000），《全人教育——活出完整的生命》，臺北：曉明

之星。

徐光川（1996），《全盤基督徒教育策略》，臺南：永望。

黃迺毓（1986），《家庭教育》，臺北：五南。

華納（1966），《基督化家庭生活》，香港：輔僑。

桑得福，陳屏英譯（1994），《基督化家庭的恢復》（上）（下），
　　臺北：橄欖。

陳金婉譯（1998），《猶太人的父母》，臺北：文笙。

陳顯明（1996），《一家都是成長伴侶》，臺北：平氏。

蕭克諧（1986），《基督教宗教教育概論》，香港：道生。

賽妮亞（2007），《猶太家教智慧》，臺北：智富。

鄭仰恩、林明珠（1998），《信仰的成長與深化》，臺南：人光。

羅倫培登，古樂人、陸中石譯（1987），《這是我的立場》，香港：
　　道聲。

Brent C. Miller，郭靜晃、徐蓮蔭譯（1997），《家庭研究方法》，
　　臺北：揚智。

Luther, Martin.，徐慶譽、湯清譯（1959年初版），《路德選集下冊》，
　　香港：基文出版社。

Abraham J. Malherbe (1983), *Social Aspects of Early Christianity*, Philadelphia:
　　Fortress.

Althaus, Paul., Translated by Robert C. Schultz (1972), *The Ethics of Martin
　　Luther*. Philadelphia: Fortress Press, 1972.

Fowler, James (1981), *Stages of Faith: The Psychology of Human Development
　　and the Quest of Meaning*. San Francisco: Harper &Row.

Hillerbrand, H. (ed.) (1972), *The Reformation: A Narrative History, Related by
　　Contemporary Observers and Participants*. Grand Rapid: Baker.

Lohse, Bernhard., Translated by Robert C. Schultz (1986), *Martin Luther: An
　　Introduction to His Life and Work*. Philadelphia: Fortress Press.

Plass, Ewald M. compiled (1959). *What Luther Says- An Anthology*. Volume I:

Children, Education; Volume II: Marriage, Parents; Volume III: Sunday, Teacher, Youth., St. Louis: Concordia Publishing House.

Rood, Wayne R. (1970), *Understanding Christian Education.* Nashville: Abingdon Press.

Schuller, David S. ed. (1993), *Rethinking Christian Education exporations in theory and pacce*, St. Louis: Chalice.

Taylor, M. J. (1966), *An Introduction to Christian Education*. New York: Abingdon Press.

（二）期刊論文

李秉光（1987），〈在變遷的社會中建立基督化家庭〉，《基督徒家庭》，六月號，頁14~17。

林如萍（2003），〈我國家庭教育發展之展望－知識體系之建構〉，《家政教育學報》，第五期，頁121~154。

林清章（1997），〈我國家庭教實施現況及展望〉，《臺灣教育》，559期，頁49~56。

林淑玲（2003），〈家庭教育的概念分析〉，載於國立嘉義大學家庭教育研究所著，《家庭教育學》，嘉義：濤石文化，頁1~54。

林勝義（1994），〈臺灣家庭的結構變遷雨轉型需求〉，《社區發展季刊》，68期，頁44~44。

（1998），社會教育活動方案的設計與評鑑〉，《社會教育年刊》，46期，1998，頁13~18。

邱信典（1987），〈漫談基督化家庭〉，《基督徒家庭》，三月號，頁38。

吳梓明（1998），〈從西方教育及心理學理論亢品格塑造與培育〉，《山道期刊》第一卷第一期，頁62。

馬利亞（1997），〈什麼使基督化家庭精彩〉，《導向》，五月號，頁22。

葉榮福（1985），〈從社會學觀點──談父母宗教教育的重要性〉，《鐸聲》，249期，頁54~57。

（1985），〈成人、父母宗教教育的神學觀〉，《鐸聲》，250期，1985，頁33~36。

張春興、曹中緯（1986），〈我國推行親職教育成效之檢討〉，「加強家庭教育、促進社會和諧」學術研討會論文集，臺北：行政院研考會。

劉一蓉、吳昶興（2008），〈基督教教育與臺灣宗教教育發展的願景〉，《臺灣浸信會神學院學術年刊》，頁16~33。

羅真聲（1997），〈蒙福的基督化家庭〉，《聖靈》，十二月號，頁6~11。

蔡嫈娟、郭春松（2003），〈全球家庭〉，載於國立嘉義大學家庭教育研究所著，《家庭教育學》，嘉義：濤石文化，頁55~97。

Luther, Martin.（1989），〈給事長、市政官員的書〉，昊元訓編，《中世紀教育文選》，北京：人民教育出版社，頁660~718。

（三）網路文章

「家庭教育法」：http://law.moj.gov.tw/Scripts/Query4A.asp?FullDoc=all&Fcode=H0080050。

駱風，〈簡析當代家庭教育概念的演進〉，http://www.cnsece.com/Page/2007-5/7640592007520112413.html。

《基督教要義》電子版：http://gez9s5qi.hp.infoseek.co.jp/Christian/chap416.htm

家庭祭壇是一種生活習慣－洪聰豹長老的家庭祭壇，http://www.wahas.com/archiver/?tid-766553.html。

家庭祭壇可以很有趣，http://talk.art7-11.com/cgi-bin/topic.cgi?forum=20& topic=10&show=0

〈臺灣教會公報〉第2907期「家庭祭壇」版。節錄自「臺灣基督

長老教會總會」網站之信仰分享版：http://gospel.pct.org.tw/
AssociatorArticle.aspx?strSiteID=S001&strBlockID=B00007&strConte
ntID=C2008030500012&strDesc=Y&strCTID=CT0014&strASP=defa
ult

在大學通識教育放入聖經課程之研究
——以真理大學聖經課程為例[1]

一、前言

　　要談通識教育（General Education），筆者認為必須要將它放在整個大學教育的情境下，才能對它加以比較明確的定位和闡述。University原具有世界精神，具有超國界的性格，後來逐漸演變成今日偏於專業教育之大學格局。事實上，大學具有雙重任務，一方面要「發展」知識，二方面要「傳授」知識，換言之，即「研究」與「教學」同等重要。大學應教導學生探索「物理世界」、「社群世界」「美藝世界」之各種知識，但絕對不能淪為「實務人才」的訓練所。由此觀之，通識教育的理想乃在培養具有通貫統觀能力、有識見、有社會關懷情操、有高尚人格之文化社會人；因此其基本內涵，應是關懷情操、人文素養、通貫統觀的涵養，獨立思辯的能力。因此，專業化與職業取向的教育，正是通識教育要加以補救導正者。若然，則把通識教育當成是未來謀職就業的準備教育或謀生能力、適應社會能力的訓練均是錯誤的。早於於民國73年，教育部便發布了〈大學通識教育選修科目實施要點〉，因此許多學校多半將「共同科目」與「通識課程」合併規劃。近年來，各校慢慢將共同科目通識化，或是取消共同科目，而改於通識課程中規劃更具學習價值的相關課程。在課程規劃方面，多半採取人文與科技領域均

---

[1] 本文發表於2016年5月，由召會聚會所系統於彰化大葉大學舉辦之「2016年聖經、科學與教育」國際學術研討會。

衡互補選修，並結合共同科目必修的模式。

通識教育所欲培養學生的人格與能力，其實是與「宗教教育」（religious education）的目標一致的。什麼是「宗教教育」呢？有學者使用「宗教知識」（religious knowledge）來指涉有關個別宗教之知識的傳授，並將其包含在「宗教教育」之概念中。就我的認知，我比較傾向於認為所謂的「宗教教育」指的應是「宗教知識教育」與「宗教情操教育」。特別是在一般大學中所實施之「宗教教育」內容，若是有助於增進學生對宗教知識的認知以及宗教情操的培養，這是程度上可以被認同的。

在臺灣的大學通識課程中，就筆者的整理，與宗教相關的課程大概可以分為「經典研究」、「宗教生死教育」、「宗教藝術教育」、「宗教倫理與人格教育」、「各宗教介紹」、「宗教比較與對話」、「宗教與民族文化傳統」、「宗教哲學思想」、「宗教之相關應用」等等。[2]其中又以「生死教育」、「藝術教育」與「倫理與人格教育」為最大比例；而就以宗教別來看，基督宗教仍佔最大比例，其次是佛教，道教則往往與「易經」、「老莊思想」、「養生」等合在一起。而且從裡面大概可以看出：某宗教所設立的大學，該宗教所佔的相關通識課程便佔絕大比例；又，若該校有相關宗教系所，其開設宗教通識課程的質與量便較佳。

近年來有關於大學教育中聖經課程的相關研究，有的是與教學或教法有關，如本多和世（2003）的《大學社團聖經網路教材之發展》[3]，該研究以聖經人物為教學內容，根據教學設計的發展程序進行課程的設計，並結合電腦輔助教學及網路化學習的相關理論，針對大學社團的教學與學習的需求，開發一信仰學習的網路課程。

---

[2] 資料來源來自中華民國通識教育學會網站：http://www.ncu.edu.tw/~cage/other.htm。
[3] 該文為本多和世於淡江大學教育科技學系之碩士論文。該文的特色是將大學基督教社團之信仰教育的發展延伸到虛擬的科技環境中，期待透過網路的廣播性，能提供更多元化的資源，滿足大學基督教社團教師輔導員及學生青年們的需求。

鄭金謀（2004）的〈聖經專題研討融入通識教育蠡測－以「尋求神」專題為例〉，則以「尋求神」為一專題，進行蒐集相關經節和信息，輔以問卷調查方式，了解人對聖經和信仰基督的態度和需求作為嘗試實施聖經課程教學之參考。

　　但是一般多是將聖經教學放在「生命教育」範疇中研究，如黃志賢（2007）的《聖經中的生命教育觀之研究》[4]，該文論述聖經在有關生命教育中，終極關懷與實踐，倫理思考與反省，人格統整與靈性發展三大領域的觀點，輔以聖經的影響及在生命教育觀的實證，表達聖經的生命教育觀可以充實生命教育的理論基礎。柯志明於2014年發表〈聖經與自由：一個經典教育的範例，兼論通識教育的目的與困境〉[5]，他認為自由與生命的意義正是大學通識教育的重大價值，而這個價值正是通識教育本質上作為一種人文教育所應顯示的價值，該文以聖經為範例論述經典在通識教育中能激發人走向自由的價值。

　　將聖經放入大學通識教育，一直是基督教大學一貫的做法。但是要如何放？怎麼教？希望達到甚麼目的？如何才能吸引非基督徒學生來修課又不致造成反感？則會因為各校情況的不同而有所變化。真理大學是臺灣基督教大學的一份子，自然也願意在通識課程中擺上聖經課程。但是在實際執行上卻有一些困難，筆者相信只要是綜合大學，大概都會遇到類似的問題。本文將先就各基督教大學實施聖經課程的做法先進行討論，然後詳述真理大學如何嘗試將聖經課程放入通識課程，並介紹現在在真理大學內的聖經課程教學方法與模式。

---

[4]　該文為黃志賢國立高雄師範大學教育學系的碩士論文。
[5]　該文發表於東海大學「21世紀人文教育與通識教育的危機和展望」學術研討會。

二、各校通識聖經課程之實施原則與方式

目前臺灣各大學校院所開授之通識課程中，有開設冠以「聖經」之名之通識課程統計如表一所示。

表一 國內大專院校通識教育中的聖經課程列表

開課學校	課程名稱	開課老師
基督宗教大學		
輔仁大學	聖經思想	杜金換
	聖經與人文	吳堅凌
	聖經（舊約）與文化	羅麥瑞
	聖經（新約）與文化	羅麥瑞
	聖經與生活	譚璧輝、朱修華
	聖經與健康生活	鄭其嘉、汪大衛
	聖經與靈性發展	李秀華
中原大學	聖經文學與思想	曾慶豹
	聖經文學賞析	黃孝光
	聖經人物研究	黃孝光
	聖經生命美學	涂世雄
	聖經中的人際觀	饒張清音、李俊彥
	聖經中的經濟智慧	胡業民
	聖經與倫理議題	李信毅
	聖經與情緒管理	劉克明
長榮大學	聖經的智慧	莊雅棠
東吳大學	聖經選讀	陳啓峰
東海大學	聖經語言與文化	Daniel Cothran
	從聖經舊約的知名故事中學英語	Russell Morano
	從聖經新約的知名故事中學英語	
	希伯來聖經的人文思想	曾慶豹
	希伯來經典導讀	黃業強

開課學校	課程名稱	開課老師
	基督教文學導讀	黃業強
	基督教倫理	柯志明
	聖經文學	張雅惠
文藻外語學院	聖經與生活	蔡育祝
聖約翰科技大學	聖經與生活	簡秀雯
國立大學		
臺灣大學	聖經選讀	姜臺芬
臺灣師範大學	聖經與人生	鄧世安、莊謙本
交通大學	聖經文學與電影	董挽華
	聖經文學選讀	
清華大學	聖經與人生	王訓忠、麥偉基、潘榮隆
中央大學	聖經與人生	林志芸、鄭漢鐔、鄭銘章、徐敬衡、王勇智、王冠文、陳健生
中興大學	聖經導讀	朱崇儀
東華大學	聖經與人生哲學	劉效樺
臺灣體育運動大學	聖經與西方文化	黃錦壽洪喬平
宜蘭大學	聖經與人生	邱詩揚、馮臨惠、江彰吉、黃璋如、陳健臺、溫育芳、保愛貞、劉金元、張蓓蒂、陳博彥
嘉義大學	聖經與人生	施玉麗、黃崧任
臺北教育大學	聖經與生命	黃雅文、曾煥棠、張炳陽、鍾聖校、周玉秀
臺灣藝術大學	聖經文學	黃惟饒
私立大學		
亞洲大學	聖經解讀	陳建民
淡江大學	聖經文學入門	陳建志
馬偕醫學院	聖經與人生	張南驥
中山醫學大學	聖經故事選讀	梁淑慧
	聖經導讀	黃文忠
元智大學	聖經探索	陳永光、林誠興、姚興基、鍾添曜
	聖經文學欣賞	林誠興、黃碧珊
大同大學	聖經的故事	陳英明
南華大學	聖經文學	郭玉德
科技大學與學院		
朝陽科技大學	聖經與人生	李明君
南亞技術學院	聖經與科學	柴希文
和春技術學院	聖經與人生	張慶明
蘭陽技術學院	聖經與人生	陳媛媛
	聖經故事賞析	陳月美、陳媛媛

開課學校	課程名稱	開課老師
建國科技大學	聖經中的科學觀	劉維玲
永達技術學院	聖經人物故事選讀	楊悅春

（資料來源：臺灣通識網：通識課程基本資料庫http://get.aca.ntu.edu.tw:8080/getcdb/，2015.4.20）

由上表可知，大學院校開授「聖經」相關之通識課程確實不少，有32所學校共50門課。其中基督教學校開了24門課，佔將近一半；而課程名稱以「聖經與人生」課名最多，應該是召會擔任教職的基督徒老師所開授。為了增加課程的選課率，許多聖經相關課程都傾向走應用路線，如：「聖經與情緒管理」、「聖經中的經濟智慧」、「聖經中的科學觀」等，避免被定位成傳播信仰。以下篩選各校之幾門課程加以介紹。

（一）基督教大學通識教育中的聖經課程

1、東海大學

東海大學是傳統的基督教學校，校內路思義教堂是重要教堂建築景點，更是推動東海校園福音事工。教堂內設有「路思義聖經教學中心」[6]，會定期對外推出各項聖經相關研修課程。但是該中心並非教學單位，其課程也不列入通識課程。

在通識課程方面建築系黃業強教授開設有「希伯來經典導讀」[7]和「基督教文學導讀」[8]兩門課程。前者主要介紹舊約聖經；而後者則著重在新約聖經。這兩門課的內容都是以新舊約各卷書為主體，分別介紹其歷史背景、作者與寫作目的及主要內容，並討論其內容在現代生活的應用。

---

[6] 見網頁：http://www.thu-church.org/lucebibleu/index

[7] 見網頁：http://140.128.97.216/102/teac2_desc/outline/print_outline.php?setyear=98&setterm=2&curr_code=2852&ss_sysid=otr

[8] 見網頁：http://140.128.97.216/102/teac2_desc/outline/print_outline.php?setyear=99&setterm=1&curr_code=2852&ss_sysid=otr

柯志明老師（靜宜大學專任老師）也在通識中心開設「基督教倫理」[9]，其內容便是透過《聖經》研究來闡述基督教的倫理觀。可分為三部分：（1）《舊約聖經》的主要倫理觀，主要以摩西的「十誡」為根據；（2）《新約聖經》的主要倫理觀，主要以耶穌的「登山寶訓」為根據；（3）通貫整本《聖經》的倫理精神以及因此導出的倫理原則。

　　另外，外文系張雅惠老師也開設有「聖經文學」[10]課程，主要以英文授課。Russell Morano老師也開設「從聖經新（舊）約的知名故事中學英語」[11]課程。前者是以各種文學類型來理解聖經，並介紹一些關鍵的重要概念，幫助學生熟悉聖經人物和故事，以便更能融通地進入更多具有聖經背景外國文學。後者則是透過研讀聖經中的比較有名的故事，要求在課堂上共同探討，以增進學生熟練使用英文的能力。

2、輔仁大學

　　輔仁大學是國內著名的天主教大學，其校園中的教會氛圍相當明顯。而與聖經相關之通識課程部分共有7門，主要由神父與修女來授課。為了滿足學生需求，有部分課程走應用向度。在此介紹杜金換修女開設的「聖經思想」[12]與「聖經與生活」[13]兩門課。此兩門內容類似，主要包括：聖經來源及其歷史背景—介紹聖經是怎樣的一本書、如何閱讀聖經—探討聖經的內容、全書構成及其中心思想、聖經與其他各大宗教思想的比較、聖地訪察、耶穌的事蹟、

9　　見網頁：http://ge.thu.edu.tw/v2/5_course_info.php?course=3077
10　見網頁：http://140.128.97.216/102/teac2_desc/outline4/print_outline.php?setyear=104&setterm=2&curr_code=0160&ss_sysid=otr
11　見網頁：http://140.128.97.216/102/teac2_desc/outline3/print_outline.php?setyear=103&setterm=2&curr_code=3761&ss_sysid=otr
12　見網頁：http://get.aca.ntu.edu.tw:8080/getcdb/handle/getcdb/342431
13　見網頁：http://scholar.fju.edu.tw/%E8%AA%B2%E7%A8%8B%E5%A4%A7%E7%B6%B1/upload/031956/scheme/961/D-ST00-03858-.doc

聖經故事戲劇等。另外後者又加上新舊約聖經重要人物現實人物的見證分享。值得注意的，是這兩門課的教學方法都很多元，除了課堂講授外，還包括視聽影帶欣賞聖地、聖經故事戲劇、專題討論報告、到慈善機構之愛心訪問及義工服務等。筆者特別去瀏覽課程留言板，發現學生的風評頗佳。

除了杜金換修女之外，譚璧輝老師也有開「聖經與生活」課程。譚老師的課程會加上文化比較或諸宗教介紹，包括有東正教與伊斯蘭教。

3、中原大學

中原大學的通識教育課程，共分為「天、人、物、我」四大學類，而聖經課程屬於「天類」，強調「絕對的主體性」與「絕對的啟示性」。該校所開與聖經相關的通識課程最多，但是多走應用路線。直接作聖經內容介紹的大概是黃孝光教授所開設的課程。

黃孝光教授開設有「聖經文學賞析」以及「聖經人物介紹」兩門課。望文生義，前者即是將聖經內容以文學類型做分類，包括有敘事文學、詩歌文學、智慧文學、先知文學、啟示文學以及書信文學等，內容多偏重於舊約；而後者則是以聖經人物作介紹，包括亞當、夏娃、創世紀各族長、摩西、耶穌、眾使徒等。其教學方式也相當多元，包括：專題、小組討論、電影欣賞、音樂欣賞、世界名著、小說、圖片等分享。

4、長榮大學

長榮大學是長老教會所開設的學校。而其博雅教育通識課程是把聖經課程放在「生命教育」之分類中[14]，包括「基督教經典欣賞」[15]

14　見網頁：http://www.cjcu.edu.tw/~cgedu/104.pdf
15　見網頁：http://get.aca.ntu.edu.tw/getcdb/ge-cou/item/1002-1033-0038

以及「福音故事賞析」[16]等課程。前者是由校內基督徒教師以議題分享方式協同開課,由校牧陳宇碩牧師整合。內容包含新舊約概論、律法誡命看聖經、耶穌的比喻、羅馬書的啟示、聖經中的孩童教養、進化論與創造論、聖經中的生命教育觀、聖經中的土地正義、享受真善美、從管理人的職份看信仰與得救、從醫師的角度看聖經醫治故事、在生命際遇中讀聖經、從女性主義角度讀聖經、從好撒瑪利亞人看愛人如己的實踐等;而後者則是由沈紡緞牧師開課,內容是以耶穌生平為主,並配合教會曆搭配相關活動。

5、東吳大學

東吳大學是衛理公會設立的學校。其聖經課程原本是由校牧陳啟峰牧師開設的「聖經文學」[17],每個學期都開課,上學期探討舊約,下學期為新約。以聖經的歷史為經,其文學、神學、歷史、心理的意義為緯,期待學生探尋希伯來哲士與新約作者的心靈,找到自己的人生定位,安身立命之基。

2015年陳牧師退休,並至衛理神學院接任副院長,校牧則由黃寬裕牧師接任。他同樣開設「聖經選讀」[18],以演講方式為主,仔細分析聖經中重要的文本(舊約分為摩西五書、歷史書、先知書、其他聖書四部分,新約分為四福音、保羅書信、教牧書信三部分),強調以客觀立場介紹學生了解宗教與信仰之本質。

---

[16] 見網頁:http://eweb.cjcu.edu.tw/CJCU_WebAPP/WebForms/CourseInfo/CI01181Q.aspx?syear=100&semester=1&open_no=CGE001&course_name=%E7%A6%8F%E9%9F%B3%E6%95%85%E4%BA%8B%E9%81%B8%E8%AE%80&teacher_no=RmRGUU04TWRkcnQyNlFCSXNFQ1RkQT09

[17] 見網頁:http://pro.fhl.net/pro/gen_class/other/chen_chi_feng/gen_ccf_1.htm或http://sun.cis.scu.edu.tw/~93a27/1chaplain20081711314.doc

[18] 見網頁:http://www.scu.edu.tw/chaplain/06course/course.html

（二）國立大學通識教育中的聖經課程

1、交通大學

交通大學通識課程中與聖經相關的課程，是董挽華老師所開設的「聖經文學與電影」[19]與「聖經文學選讀」[20]兩門課。前者大致將歷來「聖經電影」區分成為六個大類：（1）取材聖經本身故事的電影；（2）發揮基督精神的經典名片；（3）探討基督之道的一般文藝佳構；（4）印證基督信仰與人性觀照的科幻影片；（5）凸顯追求主愛的真善美基要主題，而諷刺虛偽宗教和人為偏差的影片；（6）見證基督的個別真實故事影片。各選幾部代表電影欣賞片段，同時授課並討論。後者則是以文學性角度切入聖經其中的名篇故事，以求一窺其堂奧；並且以比較文學的觀察，陳明聖經文學對世界文學與中國文學的影響與關連。

2、中央大學

中央大學通識課程中與聖經相關的課程，是資管系陳彥良教授開設「聖經與人生」[21]課程。該課程的特色，在於每周都邀請到不同講員，針對不同的議題進行講座式演講，許多知名講員包括范大陵長老、寇紹恩牧師等人都曾經到校講過課，學生可以充分得到深入知識與討論的機會。課程目的在於能深入探討聖經的基本價值與思想，並嘗試讓這些思想與現代人的生活結合，使學生能得著整全的發展，使他們不再只是一部訓練有素的專業機器，享有圓融美滿的快樂人生。

---

[19] 見網頁：http://web.it.nctu.edu.tw/~whtung/bible_films.htm
[20] 見網頁：http://web.it.nctu.edu.tw/~whtung/course/course2.htm
[21] 見網頁：http://pro.fhl.net/pro/gen_class/chen%20yen%20liang/christian/gen_cyl_2.htm

3、成功大學

成大土木系名譽教授徐德修教授開設了十幾年的「基督思想與人生」[22]課程，是一門宗教與道德倫理相結合的課程，也是成大通識課程中的熱門課程，後來改名為「宗教哲學」，水利系主任兼防災中心主任謝正倫教授也開過此門課。內容包括基督信仰背景介紹、聖經論點（律法觀、天人觀、生死觀、婚姻觀等）、聖經人物介紹（摩西、大衛、彼得、保羅、耶穌等）、以及人生相關問題剖析與討論（包括科學與信仰的互動、人生的轄制、快樂人生的秘訣、臺灣的戒毒工作等）。這門課徐教授也在康寧大學開設。

（三）其他學校通識教育中的聖經課程

1、元智大學

元智大學陳永盛教授以類似中央大學「聖經與人生」的方式，邀請校內外相關知名講員專題分享之模式開設「聖經與人生」[23]課程。從聖經的內容，來學習人生中不同情境下的各樣課題。例如：如何活出生命的色彩，如何尋找人生的智慧，如何面對人生中的苦難等等。講員部分與中央大學重疊，不過與中央大學不同的，是每位講員負責兩週授課。教學方式以影片欣賞，詩歌欣賞，課堂討論，小組活動為主。

2、中州技術學院

中州技術學院由趙沐深老師開設「聖經與人生」[24]課程。該課程主要綜合了新舊約聖經之內容，綜理出「創造」、「撒旦」、「人」等觀念，並引申出聖經中的「法律觀」、「婚姻觀」、「生

---

[22] 見網頁：http://myweb.ncku.edu.tw/~dshsu/Jesus%20class/2.doc
[23] 見網頁：http://yschen.ee.yzu.edu.tw/Courses/LE409/LE409.asp
[24] 見網頁：http://www.ccut.edu.tw/adminSection/gc/downloads

死觀」、「飲食條例」、「植物、動物與礦物」、「人類的結局」等。除了查讀聖經之外，也要求學生見證採訪，並進行小組專題。

3、朝陽科技大學

朝陽科大的錢偉鈞老師也開設「基督思想與人生」[25]，內容近似於成功大學徐德修教授的課程。包括有系統神學、基要真理介紹、聖經知識、律法觀、生死觀、天人觀、身心靈觀、罪惡觀、教贖觀、人生觀等資料，及探討現代科學與基督教信仰等。

三、真理大學的聖經課程

（一）真理大學通識課程與宗教教育理念

如果仔細真理大學通識教育中心之課程，會發現其中並沒有專門以「聖經」為名的通識課程，只有「宗教的經典與智慧」、「宗教概論」等跨宗教的課程。該課程最早是由人文學院宗教系負責設計，由當時陳志榮院長召集，成為全校「宗教通識必修」課程。既是必修，就需考慮全校非基督徒學生之接受程度，並貫徹陳院長認為宗教教育是「宗教知識教育」的理念。因此特別強調「多元平衡」的課程設計與教授方法，來介紹臺灣社會四個主要的宗教（佛教、道教、基督教、民間信仰），從「社會現象」切入，使學生對於社會上的主要宗教現象有最基本的認識與辨別，廣泛接觸宗教知識，並對該四種宗教的經驗與本質加以欣賞，瞭解宗教現象與現況。[26]

為了達成該目的，在實踐上採取「協同教學法」，並且對於非宗教系學生編撰「宗教研究方法基本教材」，以利宗教知識教育的

---

[25] 見網頁：http://admin3.cyut.edu.tw/course/094/09410145.pdf
[26] 見拙著〈真理大學「宗教概論」通識課程之實施與檢討〉，發表於93年度臺灣宗教學會「宗教經驗之課程設計與教學研討會」。文載於網頁：http://www.life-respect.tcu.edu.tw/fruition/93lig/93lig_02.htm

普及與教授。亦即由三位老師（基督教、佛教、道教）在同一時段各開一班，然後彼此支援輪流授課的方式，按各位老師不同的宗教專長給予同學精要的宗教知識。同時安排各班學生有關宗教（如伊斯蘭教、新興宗教等）之座談、演講與參訪活動，並邀請相關領域之權威學者專家，針對相關議題進行探討與學術演講。透過多元化之教學方式，從不同的角度，廣泛接觸宗教知識，並深入瞭解宗教現象與現況。

在當時教授該課程的老師幾乎都是宗教學系的老師，所以在教學前有一些共識：1、強調「視聽教材」與「網路教材」的使用，每一單元皆盡量使用可資佐助的錄影帶、光碟片、網路資源，以提升學生的學習興趣並加深印象。2、每次上課時皆針對某一社會的宗教現象進行簡短的討論與分析；並要求學生每週作剪報作業，培養學生對於社會現象的敏感度，藉以讓學生漸漸形成自己的宗教價值觀。3、安排三次的參訪活動或專題演講，讓學生藉由實地參觀或與各宗教人士的接觸而更瞭解該宗教之內容。只不過後來校牧室幾位牧師也一起加入教學團隊，就變無法嚴格掌控教學方法與成效。加上評鑑的關係，通識中心的課程大洗牌，宗教概論課程後來就停開了。

（二）真理大學聖經課程介紹

在真理大學裡，真正有開聖經課程的老師只有英美文學系的林四浩教授以及宗教學系的筆者本人。雖然都開在學系專業課程內，但是也考慮修課學生有許多外系的同學。因此在專業要求上便較為放鬆，以便學生吸收；但是也因此會將課程內的宣教意圖減到最低。以下分別介紹課程。

1、林四浩教授

林四皓教授於英美文學系一年級開設必修課程「聖經概論」。

該課程旨在介紹聖經中的故事，第一學期以舊約人物為主，主要講述故事本身內容，及其所表達之涵義，以及該故事在文學上所用之典故。第二學期則著重在新約，尤其重在四本福音書。該課程主要授課對象為英美系學生，故以英文授課，以口頭講授與媒體教學為主。

表二　林四皓教授聖經概論授課進度表

授課進度表			
週次	內容（Subject/Topics）	週次	內容（Subject/Topics）
1	The review of the OT	10	Gospel of Mark
2	Exodus	11	Gospel of Mark
3	Exodus	12	Gospel of Luke
4	History and Psalms	13	Gospel of Luke
5	Gospel of Matthew	14	Gospel of John
6	Gospel of Matthew	15	Gospel of John
7	Gospel of Matthew	16	Epistles
8	Gospel of Matthew	17	Epistles
9	Mid-term exam	18	Final exam

據筆者詢問上過林老師「聖經概論」課程的同學，他們表示：

「上課的方式，一向都是開著投影片在word上補充著密密麻麻的單字或是片語，考試或小考都是從這裡面加上課本內容所出題。」

「是英文系上有名的『大刀』老師，大一上老師的聖經概論時，班上有1/3都是三、四年級重修生。」

「老師很注重出席跟準時。無故三次未到就可能被當，而且老師的課就算是八點，課堂上幾乎都坐滿了人。」

「很少有外系的耶，可能是英美系必修而且要求嚴格吧？」

「認真就會學到很多啊！至少單字記一堆，而且也稍微看得懂英文版聖經了，還不錯啦！」

筆者相信林老師的「聖經概論」絕不是為一般通識設計的，而是為英美文學系學生設計的專業必修課程。嚴格的要求反而會讓學生稍微忽略宗教的氣息，而以專業的角度認真地學習。這未嘗不是一種好的宣傳福音手法。

2、蔡維民的「聖經概論」課程

在系上開基督教經典的課程原來就是自己一直期待的。最開始時是因為想補足宗教系中沒有基督教聖經課程，加上當時通識課程中的宗教概論是以「三大宗教」並列為設計理念，沒有獨立之聖經課程，所以才想在宗教系中開設此課程。目的希望能系統介紹基督教聖經之集成、內容以及各卷基本思想，俾使學生對於聖經有最基本的認識。教導聖經正確的使用方法以及重要的詮釋方法，使學生能簡單地理解聖經。

（1）94~97學年度的課程設計

該課程從94學年度開始設置，為單學期選修課。原本授課對象主要為宗教系的學生，後來因為不少外系學生亦選修該課程，所以漸漸地調整課程難度與授課方式。授課方式是課堂討論、影片欣賞與口頭講授，輔以基督教古蹟巡禮以增加學生興趣。上課主要參考教材為郭秀娟（2001）的《認識聖經文學》（臺北：校園），不過筆者還是每個單元都自己撰寫教材。

表三　蔡維民「聖經概論」授課進度表（94~97學年）

授課進度表			
週次	上課內容	週次	上課內容
一	課程介紹——聖經的意義與正典觀	十	影片欣賞與討論
二	聖經的內容與詮釋方法	十一	死海古卷、次經簡介
三	聖經文學與希伯來文化的互動	十二	新約（一）一些背景
四	影片欣賞與討論	十三	新約（二）福音書
五	舊約（一）以色列史簡介	十四	影片欣賞與討論
六	舊約（二）故事文學	十五	新約（三）使徒行傳
七	舊約（三）詩歌、智慧文學	十六	新約（四）書信文學
八	舊約（四）先知文學	十七	新約（五）啟示錄
九	期中考	十八	期末口試

　　值得一提的，是筆者為了該課程收集了不少相關視聽教材，如：【挪亞方舟】、【出埃及記】、【真假摩西】、【基督耶穌考】、【受難記】、【使徒保羅】、【圖解啟示錄】，以及互動式光碟：【死海古卷】等。

　　在98學年度之前，宗教系的「聖經概論」是必修課程，所以學生都必須修這門課，但是當時已經有不少外系學生選課。學生的評價到還不錯，以1~5平均分數評量來看，94學年度該科的教學評量達4.65（本系與外系填答學生各半），95學年度該科的教學評量是4.44（本系填答學生居多），96學年度該科的教學評量是4.65（一樣本系填答學生居多），97學年度該科的教學評量是4.60（外系填答學生居多）。其中「老師能清楚表達課程內容與想法」以及「講課能有系統進行，並提綱挈領說明重點」這兩項分數最高。

（2）98學年度至今的課程設計

　　98學年度開始，因為筆者接任行政主管，所以縮減授課時數，可開課程減少；加上之前上過「聖經概論」的學生希望有「進階」的，不同內容的相關課程。因此將課程內容作調整，改成「聖經概

論：理論與應用」，同時為了在有限的學分數內讓同學都有機會修到課，所以讓這門課與「臺灣教會史」隔年對開，也就是偶數學年開課「聖經概論」，奇數學年開「臺灣教會史」。介紹「聖經概論：理論與應用」課程大綱如下：

表四　蔡維民「聖經概論：理論與應用」授課進度表（98~100學年）

授課進度表			
週次	上課內容	週次	上課內容
一	課程介紹——聖經的意義與正典觀	十	舊約（四）聖經中的生命教育
二	聖經各卷簡介	十一	新約（一）福音書
三	基督教聖經解釋學簡述	十二	影片欣賞
四	舊約（一）以色列史簡介	十三	新約（二）保羅書信中的倫理觀
五	舊約（二）聖經中的美學	十四	影片欣賞與討論
六	影片欣賞與討論	十五	新約（三）聖經中的世界末日
七	舊約（三）聖經中的神聖與暴力	十六	影片欣賞與討論
八	影片欣賞與討論	十七	期末口試（一）
九	參訪行程：中原大學聖經資料館	十八	期末口試（二）

後來筆者在102學年度再進行調整，將原先的「聖經概論」大綱與後來「聖經概論：理論與應用」做整合。上課主要參考教材改為John R W Stott（2012），《認識聖經的八堂課》（臺北：校園）和拙著《永恆與心靈的對話：基督教概論》（臺北：揚智，1999）以及《與神聖者的私語－基督教經典與藝術之研究》，（臺北：五南，2009）。至於影片也增加了【美麗天堂】、【受難記】、【來自天上的聲音】、【怒犯天條】等影片。

表五　蔡維民「聖經概論：理論與應用」授課進度表（102學年）

授課進度表			
週次	上課內容	週次	上課內容
一	課程介紹——聖經的意義與正典觀	十	聖經到底在說些甚麼？聖經的信息
二	聖經與希伯來文化	十一	歷史就是故事！聖經中的敘事文學

授課進度表			
週次	上課內容	週次	上課內容
三	聖經中的地理環境	十二	美從哪裡來？聖經中的美學
四	舊約聖經中的歷史簡介（一）	十三	神棍抑或改革者？聖經中的先知文學
五	舊約聖經中的歷史簡介（二）	十四	兩約之間：偽經與死海古卷
六	新約聖經中的歷史簡介	十五	耶穌是誰？福音書中的亮光
七	聖經的正典性與權威	十六	可不可以做？保羅書信中的倫理問題
八	基督教聖經解釋學簡述	十七	世界末日？啓示錄的信息
九	期中考	十八	期末考

可能是學長姊會向學弟妹宣傳哪位老師的課好過吧？所以當改為選修時，外系同學的修課人數增加了，本系對外系的學生幾乎是一半一半，課程滿意程度也有了變化。因為是隔年開課，所以只有偶數學年有進行課程教學評量。98學年度的教學評量是4.44（外系填答學生是本系的四倍），100學年度的教學評量竟然掉到了4.00（填答人數只有15人，本系外系填答人數比2：3），其中本系學生分數反而較低，分數最低的項目是「重視學生反應，激發學生學習興趣」，學生反應「太簡單了！而且好像在傳教！」這讓筆者重新反省課程內容。102學年度調整了部分課程內容，當年的教學評量回到了4.56（本系填答學生是外系的3倍），104學年的教學評量則是4.51。學生也給了一些建議：「很強大！」「希望老師可以多（讓我們）看一些有關課程的影片和聖經詳細內容。」「講話（講課）太大聲，坐前面一點點就會受不了。」「簡單清楚明瞭。」

四、個人教學簡介

由於篇幅有限，故在此將選取四個單元的教學內容與方法與讀者分享。由於所有的講義都是筆者自己設計謄寫，故就課程綱要與教學方式簡單介紹。

（一）聖經的意義與正典觀

1、教學內容介紹

因為是導論，所以分為四大部分：一、宗教中的「經典」（「經典」（Scripture）的意義、為何系統宗教都需要經典、經典的集成與內容）；二、聖經在基督宗教中的意義（理解聖經意義的兩個字："Bible"與「約」、是神聖啟示的唯一文字紀錄、是基督教之所以建立的基礎、作為是否正統基督教派的重要判準）；三、聖經的內容（按基督教一般編法，簡介舊約與新約書卷）、四、聖經的版本（古代書籍的製作、舊約與新約的最早抄本：口傳→文字化→編輯成形→抄寫流傳→正典集成、聖經的古代譯本）

2、教學方法與補助教材

在教學方法上，筆者主要還是以課堂講述為主。不過在104學年度，筆者有撥放了在YouTube網站上的一段相當有趣的視頻「八分鐘讀完聖經」[27]，這個影片試著把聖經重要的歷史地理給串起來，學生的反應相當不錯。

（二）基督教聖經解釋學簡述

1、教學內容介紹

由於人的瞭解和解釋常常受到許多因素（如時代、環境、文化、社會實況、教育程度、個人經驗等）的影響，所以歷史上顯示對上帝啟示的話語的瞭解並非一成不變，而是呈現相當大的多樣性來。在這個單元，筆者先介紹了重要解經方法之歷史演變：寓意解經法→字意解經法→宗教改革時期──「以經解經」→靈修解經法→自由派解經法──歷史批判法→保守派的解經法──

---

[27] https://www.youtube.com/watch?v=ot-iWptQPdw

「聖經無謬說」（biblical inerrancy）→新正統派解經法→存在主義解經法→新解釋學派解經法（文學批判）。然後對於聖經詮釋的基本原則——「讀出」、「讀入」、「應用」作例證上的說明。最後再詳細介紹「聖經批判學」：文本批判／低等批判（Textual Criticism/Lower Criticism）、來源批判（Source Criticism）、形式批判（Form Criticism）、編纂批判（Redaction Criticism）、寫作批判（Compositional Criticism）、文學批判（Literary Criticism）、讀者回應批判（Reader Response Criticism）等。可以說這單元是整個課程中最難懂的單元。

2、教學方法與補助教材

原本以為學生都會打瞌睡，結果反而各個學生的反應都相當積極。在這個部分筆者並不把聖經只視為宗教經典，而是把它看作是一部「文學作品」。因此在舉例時，便會多採取其他文學作品之例證（如遠藤周作之《深河》）加以類比說明。特別說明的，是這單元筆者並不使用投影片教學，而是直接用「板書」書寫補充內容，反而容易引起學生注意。在這部分，筆者也提供自己曾使用過的一段視頻「聖經歷史考古印證」[28]。

（三）舊約聖經中的歷史簡介

1、教學內容介紹

聖經是由人所寫出來的書，歷時千年且反映出各種不同的文化環境。它的的確確是人為的文件，但其中充滿了信仰的立場。在聖經中，所有的事件都是歷史的、人的事件，但是在聖經中卻將之描寫成上帝與人不斷的交互影響。若要從聖經記載回到真實歷史時，就必須在借助其他可靠資料加以比較佐證。因此我們要理解以色列

---

[28] https://www.youtube.com/watch?v=l88eZvmVoa4

歷史，就必須透過聖經記載＋可靠歷史資料＋考古學發現，全符合者才放入。

在這單元，筆者依聖經呈現的歷史描述來說明：起源：族長時期（以色列人真正注意的不是血統，而是傳統）→摩西與出埃及（「出埃及事件」以及「西乃事件」）→進入巴勒斯坦（考古學顯示進入迦南之模式）→士師時代（申命記史觀的歷史哲學）→聯合王國時期（撒母耳─掃羅─大衛─所羅門）→分裂的王國（南、北國比較）→北國被滅亡（先知運動）→猶太的滅亡→被擄與歸回。

2、教學方法與補助教材

這個單元可以用的教學輔助教材較多，除了精心製作投影片之外，另外有使用一部由Discovery製作的影片「真假摩西」，以及有趣的視頻「5分鐘看懂聖經舊約」[29]，頗受同學的歡迎。除此之外，筆者也推薦兩段很不錯的視頻：「聖經裡的植物 Bible plants」[30]、「聖經裡的動物 Bible Animals」[31]，可以在適當的章節中選擇播放作為輔助。

（四）新約──四福音書

1、教學內容介紹

耶穌升天後到第一次猶太戰爭之前，基督教之傳布是以耶路撒冷為中心，他們對耶穌之論述具有「權威」的地位；但是當第一次猶太戰爭之後，許多基督徒領導者流散各地，為了有效向各族群傳

---

[29] https://www.youtube.com/watch?v=oBPGBk3rLxA

[30] https://www.youtube.com/watch?v=W2CzC-DUQug。該片在中東地區（包括以色列、埃及、約旦）實地拍攝。介紹了聖經提到的植物，包括從約旦河源頭旁的無花果樹，到石牆夾縫中的牛膝草，還有一些貴的植物。該片邀請臺大張文亮教授擔任顧問。

[31] https://www.youtube.com/watch?v=qLNHUO3_hBQ。該片與「」屬於同一系列作品，介紹了聖經提到的動物，包括一些難得一見的小動物。

教，於是產生了不同的福音書。福音書並未完全盡述耶穌的言行，各福音書皆因作者記述之目標而有不同之取捨；但是它們在次序，內容和詞句上卻非常相似。在內容和表達手法上，前三本福音書有比較密切的關係，因此常被稱為「符類福音」（或「共觀福音」、「對觀福音」，Synoptic Gospels），因為它們對基督之生平有共通的看法。

　　在這單元，筆者首先介紹福音書的成書過程、福音書體裁、編寫的問題（「口頭傳述論」、「相互依附論」以及「文件參考論」），之後介紹符類福音的簡單分論。而單元重點則放在〈約翰福音〉書的介紹上。包括此書的寫作背景，作者本人等，另外要了解約翰福音，可以看〈約〉廿：30-31。其中有三個字可以作為提示：神蹟[32]、信、生命。其彼此之間的關係是：「神蹟」包含了神的啟示，並顯示出耶穌的神性；「信」就是當人看見神蹟後應有的反應；「生命」便是看見神蹟並且信之後所得到的結果。

2、教學方法與補助教材

　　基本上，就算不是基督徒的學生，對於耶穌的故事也多少有耳聞。所以，以「說故事」的方式來闡述本單元是較為合宜的。由於上此單元時，期中考已經考過，比較沒有課業上的壓力，所以過去曾在之前安排過參訪行程——一開始是設計到中原大學宗教所參觀「聖經資料館」，後來因為過遠，而且週末中原宗教所也不方便接待，所以改為參訪「世界宗教博物館」。不過當天真正有參加的同學只有約一半，而且大多是宗教系學生。因此後來便不再安排校外參訪行程。至於輔助教材，公共電視臺曾發行「發現者」系列，其

---

[32] 有七個神蹟：變水為酒（二：1-11）、治癒大臣之子（四：46-55）、治癒卅八年患者（五：1-9）、使五千人吃飽（六：1-14）、行走海面（六：16-21）、開瞎子之眼（九：1-12）、讓拉撒路復活（十一：1-46）。約翰藉由描寫耶穌施行神蹟，來證明祂作為「神子」的身分。

中有「上帝之子」（上、下），而且是公播版，雖然裡面的部分解說有些問題，但是還是可以使用程度上補助教學。另外，「世界地理頻道」也有推出一系列「你不知道的耶穌」紀錄片，總共10集，每一集大概10分鐘左右，內容相當的豐富精細，也可以視需要採用之。

五、通識課程中之「聖經課程」綜合分析

（一）課程名稱分析

　　一般而言，除非學校強力要求設為必修，否則聖經通識課程幾乎都是選修課。既是選修課，就會有選課人數是否足以開課的考量，也因此就必須兼顧非基督徒學生對課程名稱的接受程度。一般大學不似神學院，基督徒學生比例還是較少的。特別是通識課乃針對全校開課，所以在課程名稱上就必須多加推敲。觀各校所開通識所開的聖經課程，幾乎都是「聖經與XX」「聖經故事」、「聖經文學」等，亦即希望以「實用性」、「去宗教性」以及「趣味性」等來吸引學生的認同。

　　不過也有一個狀況需要了解的，就是校內的基督徒學生也有些會因為「聖經課程」而過來選課。以筆者本人為例，在課程剛開始時，大概都會稍微調查學生中基督徒比例。除本系學生外（因為一開始是必修，所以學生都得上這門課），外系生佔將近一半，而其中的基督徒又將近1/3，有許多都是校內團契的學生。對他們來說，「聖經」反而才是讓他們選課的重要原因。

　　另外，與幾位曾在大學開過「聖經」課程的老師聊過，發現課程名稱不宜太狹窄，否則內容很難發揮，而且不是所有老師都能精細地詮釋聖經；但是卻又不能過於寬廣，以免讓學生感覺缺乏專業性。在「專業性」與「廣度」之間，確實需要多花心思拿捏啊！

（二）授課內容分析

授課內容如同課程名稱，一般還是非基督徒學生的接受程度。筆者無法真正地去聆聽所有老師上課內容，但綜觀各校聖經課程的授課大綱，基本上都會盡量避開「護教」或「宣教」的意味，而多將內容放在「道德價值」、「生命教育」以及「生活運用」上，讓學生感受到基督教的經典也可以運用到生活的各個面向。這一點就算是基督徒學生亦然。因為既是基督徒，有許多學生自小就在教會中成長，許多聖經故事他們都耳熟能詳，反而希望多聽聽純粹從「文學」、「考古學」、「社會學」等不同的領域如何理解聖經。

不過，在內容上還是會遇到一些困難。首先便是基督徒學生與非基督徒學生對於聖經原本的接觸程度就有不同，有許多「聖經名詞」對於從小便在教會長大的人自是熟悉，但是對於第一次接觸基督教的人有時必須花許多工夫去解釋。而且就算解釋得清楚了，對其中的領會也會因是否有信仰基礎而有所不同。又，有一些相當虔誠的基督徒學生，對於可能會挑戰他們信仰基礎的解釋說法無法忍受。筆者便不只一次遇到班上學生因為「創造」的客觀真實性吵得不可開交。

另外，在「聖經與應用」的相關內容上，也會有一個相當值得重視的危險，那就是「詮釋」的正確性問題。比如，當提到聖經的「經濟觀」時，所選擇的經文以及該經文如何詮釋便相當值得斟酌，因為就「福音書」的精神，是相當違反現代經濟獲利原則的；又，當提到聖經的「道德觀」時，我們如何合理地解釋學生質疑「羅得的女兒為留後代與父親亂倫」的問題呢？事實上，就算過去筆者在神學院上課時，有不少信仰經義上的難題至今還是沒有解答的。而授課的諸位老師是否具有有效詮釋聖經的訓練，是值得深思的。

（三）教學方法分析

綜觀各校聖經課程的教學方法，除了「講課」之外，使用最多的還是「影片教學」。其次便是「外校講員講座」與「參訪教學」。基本上，多元的教學方法教能得到學生的青睞，但是太多元反而會造成學生的負擔。如輔仁大學杜金換修女開設的「聖經思想」與「聖經與生活」兩門課，因為教學方法包括影帶欣賞、聖經戲劇、專題報告、到慈善機構之愛心訪問等，有不少學生評價都蠻好的，當然也有感覺「很麻煩」[33]的。

以自己為例，學生會喜歡課程上有多一點的影片穿插，但是要他們一起出去參訪，外系的同學就叫苦連天了。因為到校外參訪不能影響正常上課，所以只能找六日的時間，但是不少學生有打工無法參加，所以到最後不得不讓那些無法參加的人另交報告抵參訪心得。這讓筆者在後來規畫課程時，直接就把參訪拿掉，以免造成困擾。

總而言之，開在通識的聖經課程，學生希望上課方式既有趣又多元，但是卻不想因此而多費心力。這對老師而言，哪些方式既能引起學習興趣，又不致造成執行上的困擾，確實是相當需要花腦筋的事。

六、結論

如一開始前言所述，通識教育的理想乃在「培養具有通貫統觀能力、有識見、有社會關懷情操、有高尚人格之文化社會人」，「因此，專業化與職業取向的教育，正是通識教育要加以補救導正者」；而「廣博的信仰知識」和「深化的情操培養」也因此可以符

---

[33] https://www.ptt.cc/bbs/FJU_CLASS/M.1295590690.A.E20.html

合通識教育的宗旨，這就是將《聖經》放入通識教育的重要任務。除此之外，就基督徒老師來說，將《聖經》放入通識教育課程中，更是校園宣教的重要方法。各校的基督徒老師在設計相關《聖經》課程時，都必須兼顧不要觸犯「教育基本法」第六條以及「私立學校法」第九條的限制[34]，又希望能吸引非基督徒學生來修課又不致造成反感，可謂煞費苦心。

　　本文介紹了筆者所開的「聖經概論」課程，雖然是開在宗教系的專業課程，而非真正開設在通識課程之中，但是由於修課學生中，非宗教系學生也佔有一定的比例，致使筆者常常需思考如何能夠兼顧專業與非專業的需求，力圖在課程內容與教學方法上有所突破。本文作為野人獻曝，希望能提出些許看法供先進做參考。

七、參考資料

中華民國通識教育學會網站：http://www.ncu.edu.tw/~cage/other.htm。
柯志明，〈聖經與自由：一個經典教育的範例，兼論通識教育的目的與困境〉，發表於東海大學「21世紀人文教育與通識教育的危機和展望」學術研討會。
網頁：http://www.thu-church.org/lucebibleu/index
網頁：http://140.128.97.216/102/teac2_desc/outline/print outline.php?setyear=98&setterm=2&curr_code=2852&ss_sysid=otr
網頁：http://140.128.97.216/102/teac2_desc/outline/prin outline.php?setyear=99&setterm=1&curr_code=2852&ss_sysid=otr

---

[34] 「教育基本法」第六條：「教育應本中立原則，學校不得為特定政治團體或宗教信仰從事宣傳，主管教育行政機關及學校亦不得強迫學校行政人員、教師與學生參加任何政治團體或宗教活動。」「私立學校法」第九條規定：「私立大學院校經教育部核准，得設立宗教學院或系所。」（第一項）「私立學校不得強迫學生參加任何宗教儀式。」（第二項），「私立學校法施行細則」第三條亦規定：「依本法第九條第一項所設立之宗教學院或系所，應以宗教學術研究為目的，不以培養神職人員為目標。」

網頁：http://ge.thu.edu.tw/v2/5_course_info.php?course=3077

網頁：http://140.128.97.216/102/teac2_desc/outline4/print outline.php?setyear
　　=104&setterm=2&curr_code=0160&ss_sysid=otr

網頁：http://140.128.97.216/102/teac2_desc/outline3/print outline.php?setyear
　　=103&setterm=2&curr_code=3761&ss_sysid=otr

網頁：http://get.aca.ntu.edu.tw:8080/getcdb/handle/getcdb/342431

網頁：http://scholar.fju.edu.tw/%E8%AA%B2%E7%A8%8B%E5%A4%A7%
　　E7%B6%B1/upload/031956/scheme/961/D-ST00-03858-.doc

網頁：http://www.cjcu.edu.tw/~cgedu/104.pdf

網頁：http://get.aca.ntu.edu.tw/getcdb/ge-cou/item/1002-1033-0038

網頁：http://eweb.cjcu.edu.tw/CJCU_WebAPP/WebForms/CourseInfo/
　　CI01181Q.aspx?syear=100&semester=1&open_no=CGE001&course_
　　name=%E7%A6%8F%E9%9F%B3%E6%95%85%E4%BA%8B%E9%81
　　%B8%E8%AE%80&teacher_no=RmRGUU04TWRkcnQvNlFCSXNF
　　Q1RkQT09

網頁：http://pro.fhl.net/pro/gen_class/other/chen_chi_feng/gen_ccf_1.
　　htm或http://sun.cis.scu.edu.tw/~93a27/1chaplain. 20081711314.doc

網頁：http://www.scu.edu.tw/chaplain/06course/course.html

網頁：http://web.it.nctu.edu.tw/~whtung/bible_films.htm

網頁：http://web.it.nctu.edu.tw/~whtung/course/course2.htm

網頁：http://pro.fhl.net/pro/gen_class/chen%20yen%20liang/ christian/
　　gen_cyl2 htm

網頁：http://myweb.ncku.edu.tw/~dshsu/Jesus%20class/2.doc

網頁：http://yschen.ee.yzu.edu.tw/Courses/LE409/LE409.asp

網頁：http://www.ccut.edu.tw/adminSection/gc/downloads

網頁：http://admin3.cyut.edu.tw/course/094/09410145.pdf

蔡維民，〈真理大學「宗教概論」通識課程之實施與檢討〉，發表
　　於93年度臺灣宗教學會「宗教經驗之課程設計與教學研討會」。

文載於網頁：http://www.life-respect.tcu.edu.tw/fruition/93lig/93lig_02.htm

網頁：https://www.youtube.com/watch?v=ot-iWptQPdw

網頁：https://www.youtube.com/watch?v=l88eZvmVoa4

網頁：https://www.youtube.com/watch?v=oBPGBk3rLxA

網頁：https://www.youtube.com/watch?v=W2CzC-DUQug。該片在中東地區（包括以色列、埃及、約旦）實地拍攝。介紹了聖經提到的植物，包括從約旦河源頭旁的無花果樹，到石牆夾縫中的牛膝草，還有一些貴的植物。該片邀請臺大張文亮教授擔任顧問。

網頁：https://www.youtube.com/watch?v=qLNHUO3_hBQ。該片介紹了聖經提到的動物，包括一些難得一見的小動物。

網頁：https://www.ptt.cc/bbs/FJU_CLASS/M.1295590690.A.E20.html

臺灣基督長老教會高齡教育策略與實踐
──以長老教會松年大學為例[1]

一、前言

　　依聯合國世界衛生組織所定之標準，若一個國家65歲以上的人口，超過總人口比例的7％，就成了所謂的「高齡化的社會」。依此標準，1993年起，臺灣就已經步入了高齡化社會。而內政部於2015年12月底人口結構分析，臺灣總人口數23,492,074人，其中65歲以上人口實數有2,938,579人（12.51％），已遠遠超過聯合國世界衛生組織（WHO）定義「老人國」的標準，顯示臺灣早已步入高齡化社會。由於臺灣出生率下降，年長者比過去更健康長壽，有學者預估2026年老人人口可能會超過20％，也就是每5個人就有一位老人。[2]

　　長老教會擁有全方位資源，及遍布全臺的地方教會。在1960年代，臺灣基督長老教會就意識到老年事工的刻不容緩，因此各地方教會已經紛紛成立松年團契，各種相關高齡者的事工與活動，亦陸續展開。更在1984年6月21日，成立「松年事工委員會」，透過長老教會已深耕在城市部落、鄉村鄰里的各個教會，使年長者在生理、心理、智能及靈性方面獲得牧養與關顧。「松年事工委員會」成立之後，各中會也開始著手「松年事工部」的組織。目前，在

---

[1] 本文發表於2017年7月，由高雄台灣佛寺協會舉辦之「2017E世代宗教發展與存續之道」學術研討會。

[2] 陳義明：http://www.pct.org.tw/ab_sen.aspx

長老教會的《教會法規》當中，設有完整的「松年事工委員會條例」，也有「中會松年事工部條例」的明文規範。松年事工委員會在規劃長老教會的高齡事工上，分為生理、心理、智能、靈性、世代融合與資源聯結等六個面向。[3]另外有學校、醫院、社福機構、安養中心等豐沛資源，及緊密的教會組織網絡。教會的松年團契再加上地方教會已有關懷據點、日托、樂齡和日照服務的基礎，還能與普世教會在「高齡照顧」議題上交流合作，極有潛力發展長照事工。

除此之外，也於1989年4月由總會松年事工委員會和聖經學院合辦「臺灣基督長老教會松年大學」，透過對長輩的「培力」（empower）機制，使年長者擁有活潑、精彩的生命，且充滿無限的可能與盼望。

事實上，長老教會的高齡教育策略是多元的。「松年大學」之外，各地方教會的「松年團契」與各中會的「松年事工部」，都會固定聚會，也不定期提供這種知識性、靈性培養的講座與課程。但是，最具代表性、資源整合最豐富的，還是「松年大學」，她也成為後來教育部推展「樂齡大學」或「樂齡學習中心」的重要參考。

本文就將聚焦於長老教會「松年大學」之介紹為主。首先討論有關「高齡教育」與「在的老化」觀念的結合，就成為「松年大學」的輪廓討。其次系統介紹長老教會「松年大學」的沿革、現狀與課程等，之後討論長老教會的高齡教育策略，並未來教會如何以此機制配合政府的「長照2.0」政策。

---

[3]　（一）生理面向：促進醫療社區義診、帶動休閒養生、發起健走鍛練、參加團體運動、安排戶外郊遊活動、長期送餐服務或據點共餐；（二）心理面向：提升關懷陪伴專業、營造接納尊重氛圍、建立互助支持團契；（三）智能面向：持續成長充實生命、多元化終身學習、老人相關書籍及教材出版、失智防治與照護；（四）靈性面向：重整生命修補、超越生死盼望永恆、編寫屬靈自傳生命故事、年長信徒參與事奉、一領一歸主行動；（五）世代融合面向：喚醒年輕學子及教會各個單位，重視及推展老人服務及牧養事工，並促進世代的交流與融合；（六）連結資源面向：連結醫療、關顧、照護及社會福利等資源，促成專業合作。

二、高齡教育與「在地老化」在臺灣之發展

　　所謂的「高齡教育」，係指為高齡者提供有計畫、有組織的學習活動，目的在增進個人知能、態度和價值觀的改變。也因此，高齡教育必須要提供高齡者適應社會快速變化及增進知識、技巧的機會，以達成高齡者有尊嚴的老化及自我實現的目的（魏瑜慧，2008）。其可分為三種彼此相異卻互相關連的教育層面：1.為中、高齡者所設計的教育；2.為一般或特定老化問題所提供教育；3.為從事高齡服務工作者，所提供的專業或半專業知能的教育。但是，高齡教育該如何實施呢？這就引出了另一個重要的概念——「在地老化」。被譽為教育老人學之父的馬克拉斯基（Howard McClusky）[4]認為，教育工作應當是協助學習者有能力去解決日常生活問題的途徑，增強老人的優勢條件。（黃富順，2008）

　　「在地老化」可謂是回歸高齡者為中心（elder-centred）的老化觀點，從高齡者個體本身的生理、心理、文化、社會及經濟等不同背景與特質，論述如何協助高齡者有尊嚴老化，因為高齡者具有個體差異性特質，所以對高齡者提供服務，一定要考量到個別化服務與適應個別差異的條件。「在地老化」的概念起源於1960年代北歐的瑞典國家，由於高齡者不能接受居住於團體養護機構中所受的束縛及缺乏自主隱私的生活，而產生回歸家庭與社區的思考。聯合國於2008年提出「聯合國高齡原則」（United Nations Principles for Old Persons），揭示五項任何高齡者社會政策的要點：獨立、參與、照顧、尊嚴及自我實現（王子裕文，2011）。「歐洲社會部長

---

[4]　他在 1970 年於密西根大學（University of Michigan）的博士課程中，首先開設「老人教育」研究領域。他主張為高齡者提供教育活動的同時，也要能滿足五種學習需求：應付的需求（coping needs）、表現的需求（expressive needs）、貢獻的需求（contributive needs needs）、影響的需求（influence needs）、超越的需求（transcendence needs），也設計符合這些需求的課程，這也成為之後各從事高齡教育者課程設計的主桌。

聯合會議」（European Union Council of Ministers for Social Affairs）更是呼籲，老人應有安全居住環境、獨立自主的生活、參與社會生活活動，並且不必用遷移來換取所需的服務。[5]基於此，在地老化的理念，便從高齡者最熟悉、愉快的生活環境與其自身條件立論，倡議如何協助高齡者就在所生活的社區中，獲得必要的老後生活或照顧服務，以促進成功老化，而不須舟車勞頓地向社區外尋求（王政彥，2009）。

　　但是，目前在探討高齡者的議題中，社會福利及醫療衛生問題是比較受到關注的。就連現在非常流行的「長照2.0」政策，觀其內容，雖已符合「在地老化」的基本精神，但還是側重於「醫療照護福利」等層面。事實上，在高齡人口逐年增加的同時，提供高齡者有意義的教育學習活動，將有助於國民身體健康，並促進積極老化。因此，「在地社區高齡教育」政策與機構應運而生。如1978年的「青藤俱樂部」[6]、1982年高雄市的「長青學苑」[7]、臺北市的「遐齡學園」[8]、1983年新竹的「松柏學院」[9]等，後來臺灣省政府於1987年訂定「臺灣省設置長青學苑要點」，由省政府社會處輔助各縣市審視實際需要，選擇適當場所設置長青學苑。教育部更於2008年公佈「補助設置各鄉鎮市區樂齡學習資源中心計畫」，開始

---

[5]　該會議建議將「在地老化」修訂為aging in neighborhood或aging in community，強調讓老人留在社區中老化的重要性；此一照顧概念更影響美國、英國、加拿大、日本、澳洲等國家，轉而以在地老化為高齡者長期照護的推動目標。見張苑珍，〈我國日間照顧中心推動高齡者在地老化的問題與因應〉，《成人及終身教育雙月刊》，20期，2009，頁42-50。

[6]　臺北市基督教女青年會開辦，藉由演講座談、技藝研習、娛樂休閒等活動，提供有系統的老人教育活動，其活動內容包括演講座談、技藝研習、休閒娛樂等，兼具休閒、聯誼與再教育的功能。

[7]　由高雄市政府社會局與高雄市女青年會合作開辦。

[8]　由佛教界所成立的「財團法人慈航社會福利基金會」於1982年創辦，事一所類似高齡大學的文化性福利設施。

[9]　1983年由「財團法人新竹學租教育基金會」捐助經費成立，以提供高齡者的生活調劑與進修。

設置「樂齡學習中心」[10]設置地點為鄉鎮公所、公共圖書館、各級學校及民間團體等。招收年齡55歲以上之高齡人士，以整合落實在地老化的社區高齡教育（魏惠娟，2008），至今已有315所樂齡學習中心。另外，教育部也補助大學校院辦理「樂齡大學」，鼓勵大學校院開放校園，使高齡者得以進入大學校院就讀。[11]

相對於公部門設置的樂齡學習中心與樂齡大學，各宗教團體設置的社區高齡教育機制，最有系統也最符合「在地老化高齡學習」者，首推臺灣基督長老教會所開設的「松年大學」。基督教長老教會以松年大學的經營方式，關懷教會所在社區長者的身心健康，經由精心設計的課程與信徒志工的熱心參與，承擔著對老人文化教養的倫理責任，進而幫助老人充實自我生命的內涵，圓滿人生的現實存有，進而更能領悟到存有的終極價值。（鄭志明，2009）接下來便簡單介紹該高齡學習機制。

三、長老教會松年大學之介紹

歷代以來，隨著時代的需要而開辦各級學校已成為長老教會傳統的一部分，教會所開辦的各種學習機制不只是為社會大眾所接納，且備受尊重與稱讚。「松年大學」更是其中相當具有特色與創意的學習機制，雖然它不是臺灣最早設立的高齡學習機構，但是其

---

[10] 樂齡學習中心凡經教育部同意設置者，予以各申請單位補助15萬至45萬元之費用。課程包括：（1）政策宣導課程：佔10%。（2）基礎生活課程：佔20%至30%。（3）興趣特色課程：佔30%至40%。（4）貢獻影響課程：佔10%至20%。教育部，〈101年全國各縣市樂齡學習資源中心成果統計〉，臺北市：教育部樂齡學習網。網址：https://moe.senioredu.moe.gov.tw/front/bin/ptdetail.phtml?Part=13050001&;PreView=1。

[11] 凡公私立大學校院均可提出申請，教育部給予每班32萬元之補助。招收55歲以上之民眾，每班以20至30人為原則。採學期制，分上下學期，每學期10至18週，每週6節。課程包括班級課程、代間課程及參訪課程三類。課程內容包含：（1）老化及高齡化相關課程：30%至40%。（2）健康休閒課程：10%至30%。（3）生活新知課程：10%至20%。（4）學校特色課程：30%至40%。見黃富順撰，〈臺灣地區新近高齡教育的實施、特色與問題〉，網路版：http://ir.lib.cyut.edu.tw:8080/handle/310901800/14007。

組織性與資源的整合，以及造成的影響，是各單一機構設置高齡學習學苑所難以企及的。以下簡單介紹之。

（一）松年大學之設立沿革

　　總會臺灣基督長老教會在臺灣宣教以醫療和教育開始，一向以關懷社會著稱。由於臺灣社會老年人口的急劇增加，社會結構的變遷，工業化社會生活型態的變化，致使社會老人問題愈來愈重，遂於1984年6月「松年事工委員會」來推動松年的事工與活動。此外為提供老年信徒一個肯定自我存在價值的學習環境，體認到「活到老、學到老」的道理和「終身學習」、「終身教育」的理念，終在 1989年4月第三十六屆總會議會中議決，並通過由總會松年事工委員會和聖經學院合辦「臺灣基督長老教會松年大學」。聘請高俊明牧師為總校校長，松年事工委員會主委魏雷峰長老擔任行政副校長，聖經學院院長王英世牧師擔任教務副校長，陳俊宏長老擔任執行秘書，總校校址設置在「臺灣基督長老教會聖經學院」（新竹市高峰路56號），於1989年8月正式開辦招生。

　　不過總校主要只是行政工作，不直接招生。第一間松年大學是臺南太平境教會，她於1989年8月開始招生，9月初開學；同年9月中旬臺北的雙連教會設立第二間的松年大學，接著臺北大安教會、艋舺教會；中部有臺中三一教會、嘉義中會西門教會，屏東中會屏東教會陸續開辦分校，1995年3月開辦羅東分校，到1996年9月就有16間分校，其中兩所原住民分校。2000年10月31日在臺北國父紀念館舉行創校10週年，並聘請李登輝前總統為總校名譽校長。

（二）松年大學的體制、組織與現況

　　松年大學隸屬於臺灣基督長老教會總會，設執行委員會負責籌劃、執行並推展校務。原來的組織中，委員由總校校長、教務副校長（由聖經學院之院長擔任之）、行政副校長（由總會松年事工委

員會推選適當人選擔任之）、聖經學院代表一名、總會松年事工委員會代表一名、總會幹事一名及各分校校長推選九名，合計十五名組成之。現在因為實際狀況擅變，總校校長直接由新竹聖經學院院長阮介民牧師擔任，原總校校長高俊明牧師因為健康問題，成為榮譽總校校長（另一位名譽總校校長為李登輝前總統）。教務副校長由靈修教育中心蘇美珍教授擔任，行政副校長由總會松年事工委員會主委周哲卿長老擔任。

現在松年大學全臺灣共有43所分校，依長老教會中會區域劃分，其中北區中會（七星中會、臺北中會與新竹中會——區域涵蓋宜蘭、臺北、新北、桃園、新竹與臺中大甲）共有17所，中區中會（臺中中會、彰化中會與嘉義中會——區域涵蓋臺中、彰化、與臺南新營）共6所，南區中會（臺南中會、高雄中會與壽山中會——區域涵蓋臺南與高雄）共13所，原住民中會（太魯閣、阿美、排灣與魯凱中會）共7所。目前學員總數3千多人。從創校成立迄今，畢業總人數逾6,924人。

（三）松年大學的學制與課程設計

1、松年大學的學制

（1）　四年大學部：採學期學分制，每學年分上、下學期，每學期每人至少可修最高學分為6學分。每週上課兩天，按各分校實際狀況排課。不限修讀年限，但至少要修完48學分（8個學期，4年）始發給畢業証書，並授予松年大學學士學位。

（2）　二年研究班：採學期學分制、其餘規定均與大學部相同，但至少修完24個學分（4個學期，2年），始發給畢業証書，並授予松年大學碩士學位。

（3）　博學班：共分為七級，三年為一級，每完成一級則頒發証書以資鼓勵，但不授予「博士學位」。

2、松年大學的課程設計

松年大學的課程設定五大領域：

（1） 聖經教義：根據聖經的真理來探討人生的意義與人的本
份等。

（2） 保健醫學：各種疾病、藥物、和食物與健康…等保健醫
學常識。

（3） 康樂活動：詩歌、民謠、健身操、舞蹈、手工藝、書
法、繪畫、插花、游泳……。

（4） 社會新知：國內外時事、政治、法律、社會、環保、財
經、科技…等。

（5） 事奉關懷：語言（日語、英語、白話字、各族群母
語…）、臺灣史、探訪和協談訓練等。

除了一般課堂上課之外，有的松年大學也安排幾次一天來回的
「戶外教學」，或在學期結束後之寒暑假較長時間之國內外旅遊。

四、從松年大學初窺長老教會的老人教育策略

（一）使教會銀髮信徒建立自我價值觀與人生觀

松年大學不是傳統學術性或技職性大學，而是提供廣大松年人
口延伸教育的機構，所以在一系列的課程中，讓學員所學習的不單
是涉及休閒、生活與科技、社會新知方面，還包括信仰知識與事奉
關懷的課程，以啟發學員的意識、增進老人家的能力與自信。換言
之，松年大學的教育目標，不是為著讓長者獲得文憑或學位來謀生
就職，而是要充實自己來造福人群，共同學習要如何來關心人，讓
他們重新建立自我價值觀與人生觀與面對未來的勇氣。

（二）透過「培力作用」，讓銀髮族有能力去照顧銀髮族

松年大學的課程設計，基本上並沒有脫離馬克拉斯基（McClusky）的五大需求理論。在「保健醫學」、「社會新知」與「事奉關懷」領域中，有許多是實際操作的課程，可以說這些課程有許多都是「培力」（empower）為目標，要引導銀髮族照顧銀髮族，例如雙連安養中心附設松年大學，老師多為居住於中心的長者，使長者在安養之年也能發揮所長，老師即是學員，學員即是老師。也只有如此，才能貼近被照顧者需求，也讓照顧者因為有能力照顧人而得到成就感與心靈滿足，減緩或降低失智與失能風險，產生正面循環。

（三）讓各教會內的「松年大學」有機會成為在地社區的照護點

若認真盤點長老教會各種相關資源及社區需求，有學校、醫院、社福機構、安養中心等豐沛資源，以及總會、中會與地方教會的組織網絡。[12]教會的松年團契及松年大學基本上就是「樂活學習」的最佳示範。事實上，許多已開設松年大學的地方教會同時也有關懷據點、日托、樂齡和日照服務的基礎。所以長老教會本身是期待結合教會與松年大學，能夠成為社區照護的基礎橋頭堡。

（四）讓各教會內的「松年大學」成為社區宣教之契機

臺灣基督長老教會在臺灣各地有一千二百多間教會，其中不少教會之財力與人力資源相當豐富。開辦松年大學，首先能造福各教

---

[12] 若是將這些資源與「長照2.0」機構需求做比對，隸屬長老教會總會平安基金會的「澎湖日間照顧中心」、婦展所屬「私立松年長春服務中心」、馬偕醫院承接北市「大同區日照中心」、彰基切膚之愛基金會的老人關懷事工等，也幾乎與B級「複合型服務中心」的功能相符合，甚至七星中會雙連教會的「雙連安養中心」都已達A級「社區整合型服務中心」的認證與規模。

會的年長信徒，然後透過「網絡效應」，將受惠者連結到年長信徒的親友鄰居，終究可以為各地區居民提供美好的社區服務，這樣，基督徒和非基督徒皆能享用這終身教育、終身學習的機會。如此，松年大學也自然成為教會與社區的橋樑而進入社區。

五、松年大學與長照2.0

我國人口結構快速老化，預計老年人口比率將於107年達14.5%，進入高齡社會，至115年達20.6%，邁入超高齡社會。為因應臺灣邁入高齡化社會，政府於2016年7月起試辦「長照10年計畫2.0」（簡稱長照2.0），強調「社區整合」與「在地老化」。參考日本、芬蘭模式，以「神經元」概念，以社區作為基礎發展照顧服務，讓需要照顧者可以在自己熟悉的環境中生活，落實在地老化的目標。

其具體策略包括建立社區整合型服務中心（A級）、擴充複合型服務中心（B級）、廣設巷弄長照站（C級），期使失能、失智長者在住家車程30分鐘內範圍，逐步建構「結合照顧、預防、生活支援、住宅以及醫療」等服務一體化之照顧體系，未來目標是每1-3個里至少有1個巷弄長照站，使照顧服務據點普及化。10年內全國將設置469處A級、829處B級、2529處C級據點，以布建綿密的長者照顧服務體系，且A級提供技術支援與整合服務，促使B、C據點設立，提供就近便利的照顧服務，主管機關會依級別、服務對象、項目等進行補助。[13] 簡單來說，就是讓失能長者盡可能留在自己熟悉的環境，避免不必要或過早的機構式照顧，期望讓失能長者在住家30分鐘的車程以內，就有結合醫療、照護、住宅、預防及生活支援等多元化的照顧服務。

---

[13]　推動長照2.0完擅長照服務體系：http://www.digi.ey.gov.tw/hot_topic.aspx?n=A1C2B2C174E64DE7&sms=AB6812391DC74DB8。

（一）教會如何結合政府、機構資源推動高齡關懷事工懇談會

臺灣基督長老教會總會「松年事工委員會」與「平安基金會」[14]於2017年合作舉辦5場「教會如何結合政府、機構資源推動高齡關懷事工懇談會」，筆者有幸參與3月14日在彰化基督教醫院的首場座談。該場座談邀請平安基金會社福辦公室王文秀主任介紹政府長照2.0政策，說明教會如何設立社區／老人關懷據點，並邀請彰化中會梅鑒霧紀念教會吳怡賢牧師及切膚之愛基金會執行長詹麗珠分享教會及機構經驗，並由長榮大學社會力研究發展中心主任黃肇新教授引導大家腦力激盪，思考教會的優勢及需補強之處。

在該會議中，有不少專家學者針對基督教會該如何政府配合「長照2.0」提出具體建議。

平安基金會社福辦公室王文秀主任建議：「**先從設立社區關懷據點開始，提供關懷訪視、電話問安、健康促進及餐飲服務，再逐步擴大到C點的預防與日托服務，然後連結提供複合式專業服務的B點，最後再與醫療體系的A點整合，連結成PCT的長照網絡。**」「**松年大學或松年團契只要轉型設立為據點，再連結B點，升級成為C點。**」

彰基院長郭守仁表示：「**長老教會影響臺灣社會極深，政府推動工作有困難的，大多是長老教會在做，此次若能幫助政府建立長照模組，就有機會成為亞洲國家典範，包括日本、韓國、中國、東南亞等都會前來學習。**」「**年長者的生活若以教會為中心，就像在天堂，每天可以到教會聽詩歌、有熟悉的朋友、柑仔店和鄰居，年**

---

[14] 「平安基金會」全名為「財團法人平安社會福利慈善事業基金會」，是由臺灣基督長老教會總會發起，於1995年1月11日經臺北市政府社會局核准成立；1999年4月2日由內政部核准為全國性社會福利慈善機構，開展各項社會福利事工，針對各弱勢族群提供服務並為弱勢團體與機構籌募經費，同時也是長老教會總會社會福利政策制定與社會關懷策略規劃的樞紐。見官網：http://www.peacefoundation.org.tw。

長者就會感到非常幸福，無形中能夠維持健康、減少失智。⋯⋯每個教會就是托老中心、長照中心。」

　　梅鑑霧紀念教會吳怡賢牧師依他協助成立「梅鑑霧全人關懷協會」[15]的經驗，認為：「教會最好能成立協會，才能召開各項會議，讓公部門評鑑是否成成立據點。」「教會成立關懷據點的好處是讓教會有機會走入社區，⋯⋯社區能夠認同教會，願意參與教會活動。」

　　「切膚之愛基金會」[16]執行長詹麗珠表示：「2008年基金會即投入失智症的健康促進，2013年成立彰化縣唯一失智日間照顧中心，2017年更預計在大村鄉及埔心鄉開辦2間失智日間照顧中心。⋯⋯未來期望能仿效荷蘭，建置24小時失智團體家屋。」「教會若加入ABC計畫，成為C級巷弄長照站，地方政府與A級的旗艦店就會協助培力，包括安排活動帶領訓練、照顧服務技巧、失智者相關知能培訓等，有許多豐沛的資源。」

　　當天許多教會與會者紛紛表示已投入或有興趣成立社區關懷據點，包括廬山、新生、南投、鹿港、彰化、和平、虎尾、新營⋯等多所教會。還在考慮的教會主要是擔心公部門核銷手續繁瑣、不知道如何成立協會、擔心經費不足、缺少交通車、教會空間小、缺乏青年志工、需要長執同意⋯等。[17]

---

[15]　梅鑑霧紀念教會於民國100年11月6日設立彰化縣「梅鑑霧全人關懷協會」，主要工作有成立「社區照顧關懷據點」陪伴幫助社區長輩，成立弱勢子女課後照顧班幫助需要的家庭，以及與里辦公處不定期合作舉辦大型社區活動與社區居民同樂，加強在地化，融入社區，讓社區與教會有更多互動，以促進社區發展。協會的工作主要是由教會退休的長老來負責，關懷據點已連續幾年被衛福部評定為績優社區。見：http://tcnn.org.tw/archives/9229。

[16]　該會以弘揚耶穌基督救世博愛及蘭大衛醫師夫婦切膚之愛的精神、創辦社會福利慈善事業為宗旨，關心社會教育並從事老人、身心障礙者、癌症病友以及許多弱勢團體之福利服務工作。見：http://www.sgwlf.artcom.tw/ap/cust_view.aspx?bid=205&sn=d977628f-7ef7-48a4-bf39-80c974324a5f。

[17]　http://www.pct.org.tw/news_pct.aspx?strBlockID=B00006&strContentID=C2017031700001&strDesc=Y。

（二）松年大學與長照2.0的搭配思維

　　筆者有一位好友，也是長老教會內重要幹部，她看到政府推動長照2.0，不禁驚訝地說：「這不是長老教會一直在做的松年模式嗎？」她甚至認為，長老教會過去一直致力於「教會附設幼稚園」，因應少子化與高齡化，不如將經營幼稚園的熱情，轉為長照服務。事實上，長老教會本身是期待結合教會與松年大學，能夠成為社區照護的基礎橋頭堡，只是因為資源與角色身分，不主張由松年大學肩負起長照政策參與的責任，而是由「松年事工委員會」和「平安基金會」來主導。不過，就筆者的觀點，松年大學還是有一些事情可以進行。

1、設在教會內的松年大學可以開始思考轉型成為巷弄長照站

　　松年大學之原來設立目標是提供高齡者持續的終身學習機制，但是如果結合教會的「松年團契」，便同時可以擔負起社區關懷與公共事務參與的角色。又，長照除了面臨財源、人力不足的問題外，長照空間的取得也很不容易。教會可以先從成立關懷據點開始與政府的資源連結，開放空間，為社區提供優質的服務。長老教會總會總幹事林芳仲牧師也揭示，要積極輔導各地方教會成為長照2.0的C級巷弄長照站。個人認為若能由設在教會內的松年大學先設立社區關懷據點，提供關懷訪視、電話問安、健康促進及餐飲服務，再逐步擴大到C點的預防與日托服務，每個教會就是托老中心、長照中心。

2、松年大學的培力課程可以更增加長照培訓，讓更多社區人士參與

　　就如前所研，長老教會體制內有地方教會、中會及族群區會、總會，也有學校、醫院、社服機構、安養中心等多元系統、周全資

源及支援網絡，若能垂直整合、橫向合作，就能輔導各地方教會設立社區關懷據點。一但松年大學或教會成為C級巷弄長照站，地方政府與A級的旗艦店就會協助培力。也因此，松年大學的培力課程可以更增加長照培訓──如：活動帶領訓練、照顧服務技巧、失智者相關知能培訓等。其實這也是「高齡教育」的一環──為從事高齡服務工作者，所提供的專業或半專業知能的教育。而上課者也可以推廣至社區內較為「相對年輕的年長者」，如55歲上下的社區人士，甚或年輕有志從事照護者，讓更多社區人士參與。

3、松年大學應可考慮「區域結合，資源共享」

松年大學雖然說課程結構類似，但是因為是由各教會自行申辦，所以還是會因著教會特質的不同，而在課程內容上有些許差異。基本上，各教會在推展福音事工時，幾乎已經開始結合各區域內的教會團體，進行各年齡層的聯合性活動或宣教作為。松年大學亦可以進行類似連結，而且其可以進行得更多：舉例來說，可以與各地教會松年大學或樂齡中心進行連接合作，設計更多元的長者關顧事工增加多元化課程教學；另外，在人力資源（高齡志工參與）、財力資源上可以更加合作；更進一步，相對於教會團體，松年大學甚至可以連結社區內其他宗教團體共同進行培訓、議題研討等等活動。

六、結論──從「宗教對話」觀點反思

臺灣踏入高齡社會的狀況，各宗教團體更應該藉此起來回應社會需要，一方面協助國家舒緩高齡社會帶來的問題，另一方面就是在在社會中展現各自特色，發揮更大的社會影響力。門諾醫院副院長周恬弘曾經發表一篇〈營造高齡社會的地上天國：教會可以做甚麼努力？〉，他表示「要減輕高齡化對社會長期照顧所產生的沉重

負擔，就必須盡力去維護長者的健康與活力，讓年長者用適合自己體力的方式繼續服務和貢獻社會」[18]。長老教會「松年大學」的理念，便是讓長者藉著如此學習社群的互相學習，推動他們不是社會的受助者，而是轉化成為社會中的回應者。這是終身學習與社會宣教互相呼應的最佳例子。

筆者曾經寫過一篇文章：〈宣教主義下的宗教對話〉[19]，其中提到要讓宗教對話不致流於形式，要有具體的成效，代表著一定得滿足兩個基本訴求——在認識中自我的圓滿，以及在對話之後所能得到的實際好處，簡單來說，就是藉由對話而獲致自我成長，並共同建立理想的社會。也因此面對社會實際景況與需要時，各宗教應該具有「宗教版圖」的視野——我知道我宗教信仰的特色與社會服務的限度，這是我的版圖——是開展服務的版圖而非攫取資源的版圖。「高齡社會」是臺灣面臨相當重要的社會現象，其中有許多議題需要討論與解決，比如「世代公平（intergenerational equity）的失衡[20]如何改善」；還有低生育率和少子化趨勢帶來的「外籍移民（工）在臺灣的工作與宗教生活」[21]的議題；為改善少子化，在「多元成家」的流行思維衝擊下，該如何鼓吹增加結婚率與生育率？這些都是值得各宗教團體嚴肅面對並進行更加關注的。盼望在宗教氛圍極為自由的臺灣，各宗教團體能夠為相應的「高齡社會」亦提，提供出更為具體並建設性的貢獻。

---

[18] 周恬宏，〈營造高齡社會的地上天國：教會可以做甚麼努力？〉，《曠野》195期，2015，網路版：http://www.cap.org.tw/W/w-195-7.html。

[19] 蔡維民，〈宣教主義下的宗教對話〉，《世界宗教學刊》，創刊號，2003.5.。

[20] 年長者人口所佔比例愈來愈高，政治與政策的影響力逐漸擴大，造成國家的資源運用會過度往年長者傾斜，而相對忽略掉青壯年與兒童的權益，就是所謂「世代公平的失衡」。

[21] 因為少子化帶來的生產力削弱，若是低生育率和少子化趨勢無法扭轉，勢必走向鼓勵外來移民，來補充所需要的工作人口。因此外籍移民朋友在臺灣的工作與生活該如何因應也是重要議題。

七、參考資料

張菀珍（2009），〈我國日間照顧中心推動高齡者在地老化的問題與因應〉，《成人及終身教育雙月刊》，20期，頁42-50。

王子裕文（2011），《臺日社區高齡教育政策規劃之比較研究》，國立高雄師範大學成人教育研究所博士論文。

王政彥（2009），〈在地老化與國小閒置空間的運用〉，《中華民國成人及終身教育雙月刊》，25期，頁37-51。

黃富順主編（2008），《高齡教育學》，臺北：五南。

鄭志明（2009），〈臺灣宗教團體的教育事業〉，「第二屆比較宗教學國際學術研討會」發表論文。

薛淑玲（1996），《教會老人教育使命之探討——以臺灣基督長老教會之松年大學教育狀況為例》，臺灣神學院道碩論文。

蔡維民（2003），〈宣教主義下的宗教對話〉，《世界宗教學刊》，創刊號。

魏惠娟主編（2008），《高齡教育政策與實踐》，臺北：五南。

「平安基金會」：http://www.peacefoundation.org.tw。

「切膚之愛基金會」：http://www.sgwlf.artcom.tw/ap/index.aspx。

周恬宏，〈營造高齡社會的地上天國：教會可以做甚麼努力？〉，網路版：http://www.cap.org.tw/W/w-195-7.html。

推動長照2.0完擅長照服務體系：http://www.digi.ey.gov.tw/hot_topic.aspx?n=A1C2B2C174E64DE7&sms=AB6812391DC74DB8。

黃富順，〈臺灣地區新近高齡教育的實施、特色與問題〉，網路版：http://ir.lib.cyut.edu.tw:8080/handle/310901800/14007。

教育部社教司樂齡學習網：http://moe.senioredu.moe.gov.tw/front/bin/ptdetail.phtm。

「梅鑒霧全人關懷協會」：http://tcnn.org.tw/archives/9229。

雙連安養中心，〈機構老人教育規劃〉：http://www.sleh.org.tw/admin/ upload/ 101223-3.pdf。

宗教命理類　PA0108　光與鹽3

栽種番薯的基督
——臺灣本土基督教社會實踐研究

作　　者/蔡維民
責任編輯/石書豪
圖文排版/楊家齊
封面設計/蔡瑋筠

發 行 人/宋政坤
法律顧問/毛國樑　律師
出版發行/秀威資訊科技股份有限公司
　　　　114台北市內湖區瑞光路76巷65號1樓
　　　　電話：+886-2-2796-3638　傳真：+886-2-2796-1377
　　　　http://www.showwe.com.tw
劃撥帳號/19563868　戶名：秀威資訊科技股份有限公司
　　　　讀者服務信箱：service@showwe.com.tw
展售門市/國家書店（松江門市）
　　　　104台北市中山區松江路209號1樓
　　　　電話：+886-2-2518-0207　傳真：+886-2-2518-0778
網路訂購/秀威網路書店：https://store.showwe.tw
　　　　國家網路書店：https://www.govbooks.com.tw

2021年3月　BOD一版
定價：320元
版權所有　翻印必究
本書如有缺頁、破損或裝訂錯誤，請寄回更換

國家圖書館出版品預行編目

栽種番薯的基督：臺灣本土基督教社會實踐研究 /
蔡維民作. -- 一版. -- 臺北市：秀威資訊科技
股份有限公司, 2021.03
　　面；　公分. -- (宗教命理類；PA0108) (光與
鹽 ; 3)
　BOD版
　ISBN 978-986-326-883-3(平裝)

1. 基督教　2. 文集　3. 臺灣

240　　　　　　　　　　　　　　109022372

讀 者 回 函 卡

感謝您購買本書，為提升服務品質，請填妥以下資料，將讀者回函卡直接寄回或傳真本公司，收到您的寶貴意見後，我們會收藏記錄及檢討，謝謝！
如您需要了解本公司最新出版書目、購書優惠或企劃活動，歡迎您上網查詢或下載相關資料：http:// www.showwe.com.tw

您購買的書名：＿＿＿＿＿＿＿＿＿＿＿＿＿＿＿＿＿＿＿＿＿

出生日期：＿＿＿＿＿年＿＿＿＿＿月＿＿＿＿＿日

學歷：□高中 (含) 以下　　□大專　　□研究所 (含) 以上

職業：□製造業　□金融業　□資訊業　□軍警　□傳播業　□自由業
　　　□服務業　□公務員　□教職　　□學生　□家管　　□其它＿＿＿

購書地點：□網路書店　□實體書店　□書展　□郵購　□贈閱　□其他

您從何得知本書的消息？

　□網路書店　□實體書店　□網路搜尋　□電子報　□書訊　□雜誌

　□傳播媒體　□親友推薦　□網站推薦　□部落格　□其他＿＿＿＿＿

您對本書的評價：（請填代號　1.非常滿意　2.滿意　3.尚可　4.再改進）

　封面設計＿＿＿　版面編排＿＿＿　內容＿＿＿　文／譯筆＿＿＿　價格＿＿＿

讀完書後您覺得：

　□很有收穫　□有收穫　□收穫不多　□沒收穫

對我們的建議：＿＿＿＿＿＿＿＿＿＿＿＿＿＿＿＿＿＿＿＿＿

＿＿＿＿＿＿＿＿＿＿＿＿＿＿＿＿＿＿＿＿＿＿＿＿＿＿＿＿＿＿

＿＿＿＿＿＿＿＿＿＿＿＿＿＿＿＿＿＿＿＿＿＿＿＿＿＿＿＿＿＿

＿＿＿＿＿＿＿＿＿＿＿＿＿＿＿＿＿＿＿＿＿＿＿＿＿＿＿＿＿＿

11466
台北市內湖區瑞光路 76 巷 65 號 1 樓

秀威資訊科技股份有限公司 收

BOD 數位出版事業部

....

（請沿線對折寄回，謝謝！）

姓　　名：＿＿＿＿＿＿＿＿　年齡：＿＿＿＿　性別：□女　□男

郵遞區號：□□□□□

地　　址：＿＿＿＿＿＿＿＿＿＿＿＿＿＿＿＿＿＿＿＿＿

聯絡電話：(日) ＿＿＿＿＿＿＿＿＿　(夜) ＿＿＿＿＿＿＿＿＿

E - m a i l：＿＿＿＿＿＿＿＿＿＿＿＿＿＿＿＿＿＿＿＿＿